新しい
キャリア
デザイン

ニューノーマル時代を
サバイブする

見舘好隆［監修・著］
保科学世 ほか［著］

九州大学出版会

は じ め に

本書の目的

　2012年に放映されたアニメ『ソードアート・オンライン（以下，SAO）』や『アクセル・ワールド』をご存知でしょうか。この２つのアニメの共通点は，仮想世界が舞台であること。SAO を観たころはまだ遠い未来の話だと思っていたのですが，2018年３月，私は東京都港区にあるソニー株式会社の施設にて，VR ゲームを体験しました。専用の服を着るのですが，敵に打たれるとその感覚が服から伝わって，もちろん SAO の主人公キリトほどではないですが，アニメのような世界が近くまで来ていると思いました。

　また，2019年のある日，ユニクロのお店でセルフレジを体験した時もびっくりしました。バーコードを読み取って清算するセルフレジは TSUTAYA やイオンなどで体験済みでしたが，ユニクロは IC タグを活用しているので，商品を入れたカゴを定位置に置くだけで価格が表示されました。2018年１月22日にアメリカ・シアトルにオープンした Amazon Go は「レジに人がいない無人コンビニ」で，バーコードの読み取り無しで決済できると聞いていましたが，日本でもこんなに早く導入されたことに驚きました。

　そして2020年４月７日に新型コロナウイルス感染症に係る緊急事態宣言が埼玉，千葉，東京，神奈川，大阪，兵庫及び福岡の７都府県に発令され，キャンパスは閉鎖し，第一学期の授業すべてをオンラインで行うことになりました。結果，ずっと自宅で授業動画を作りアップロードし，教授会も企業団体の打ち合わせも web 会議ツールを使って行いました。まさか自分が「テレワーク（以下，リモートワーク）」そして YouTuber のごとく動画配信をする羽目になるとは思いませんでした。

　仮想世界にログインする，商品をカゴに入れたままで清算できる，勤務場

所に一切行かずに自宅で動画編集の仕事をする。こんな経験を毎年コンスタントに経験すると，さすがに50代の私でも時代が急速に変化していることが分かります。これで５Ｇ（第５世代移動通信システム）が全世界に普及すれば，ビジネスや働き方が一体どう変化するのか，想像もつきません。

　さて，時代はすでに第４次産業革命真っ只中。Society 5.0（仮想空間と現実を高度に融合させたシステムにより経済発展と社会的課題の解決を両立する人間中心の社会）を基盤に，少子高齢化やグローバル化，さらにコロナショックにあえいでいる現代日本。従来のビジネス，例えば欧米の先進事例をリストラクチャリング（再構築）するだけでは間に合わず，絶えずデジタルトランスフォーメーション（DX：デジタル技術を活用して仕事や生活をより良いものへと変革すること）を推進しながら，海外進出はもちろん，パンデミック防止を念頭に，新しいビジネスを生み出していくことが急務になっています。

　また，電通過労自死事件を皮切りに急速に変化した働き方の変化にも拍車がかかっています。特に新型コロナウイルスの感染拡大防止でリモートワークや脱ハンコ化が加速し，それに伴い打ち合わせは web 会議システム，共同作業はクラウドストレージ，ワーキングやプロジェクト運営はビジネスチャットツールを使うなど IT 化も進み，さらに自ら学び成長することの重要性，例えばオンラインセミナーやサロンで新情報をインプットし，SNS や動画共有サイトでアウトプットをしてフィードバックを得ながら人脈構築を行うなど，新しい働き方が求められるようになりました。それは同時に，仕事とプライベートのバランスにも影響し，例えばコワーキングスペースやサテライトオフィスの増加や，単身赴任の抑制や育児・介護などとの両立を意図したリモートワーク，そして観光地やリゾート地で休暇を取りながらリモートワークする「ワーケーション」も普及し始めました。

　そして，これらの社会情勢や働き方の変化に呼応して，企業団体の採用活動や新入社員研修も変化を余儀なくされました。採用活動においては2020年３月１日より開催予定だった合同企業説明会はすべて中止となり，会社説明会やインターンシップはもとより，面接やグループディスカッションもオン

ラインで実施されています。同時に2020年4月入社の新入社員研修もほとんどオンラインで実施されています。これらの変化は、それに対応できなかった学生（以下、生徒も含む）の就職活動や組織社会化（職場に馴染むこと）を二極化することになりました。オンライン化に即応できなかった学生は、きっと満足できる就職活動も出来ず、職場にもうまく馴染めなかったのではないでしょうか。

　なお、これらの変化はそもそもパンデミックが発生しなくても徐々に進行していたことであり、コロナが終息しても、元に戻ることは無いと多くの識者が指摘しています（「ニューノーマル時代」と呼ぶ）。

　ここで疑問が浮かび上がります。これだけビジネスや働き方、就職活動などのパラダイムシフトが進行している中、果たしてそれらにみなさまが高校や大学で受講しているキャリア教育は対応できているでしょうか。そもそも我が国のキャリア教育は、1992年のバブル崩壊以降の大学生の就職難および、早期離職、フリーター、ニート問題などを背景に、1999年12月の中央教育審議会答申で初めて「キャリア教育」という文言が公的に登場しその必要性が提唱されました。そして2011年4月の答申で「一人一人の社会的・職業的自立に向け、必要な基盤となる能力や態度を育てることを通して、キャリア発達を促す教育」と定義され、全国に一気に普及しました。私が大学にてキャリア教育を担当したのが約15年前。ちょうどキャリア教育が大学に普及し始めたころと同時期です。当然、先人が築いたひな型は無く、白紙の画用紙に絵を描くように一から創り上げてきました。また、外部環境の変化、例えば2008年9月のリーマンショックによる就職氷河期到来や、2011年3月の東日本大震災、2016年4月熊本地震、2018年10月経団連の採用活動自由化宣言、そして2020年3月のコロナショックなど、若年者のキャリア形成に大きく関わる出来事が起こり、その都度内容を刷新してきました。特にコロナショックの時は、オンラインでの就職活動の進め方について、3年生以下には授業を通して伝えることができましたが、活動中の4年生にはアドバイスができず、忸怩たる思いをしました。

　このような急速に変化する社会において，どのような変化が起こってもサバイブできるキャリア教育はできないのだろうか。そこで思い出したのが2019年6月に開催された，日本ビジネス実務学会・全国大会のアクセンチュア株式会社の保科学世氏による基調講演「AIの進展とビジネス実務の変化」でした。保科氏がまとめた現代社会にサバイブするスキルや態度についての考え方を土台に，私がこれまで行ってきたキャリア教育の手法を再構成することで，今回のコロナショックのような事態はもちろん，急速に変化するビジネスや働き方，採用活動，組織社会化に対応できる「新しいキャリア教育」の手掛かりを得られるのではないかと思い立ったのです。

　以上のような背景を踏まえて，本書の目的は，**学生生活すべてを活用して，新しい時代をサバイブするスキルや態度を培う方法を示すことです**。具体的には，予想できない未来であっても生き抜くことができるスキルや態度を身に付けるために，学生生活において日々何をすべきかについて，様々な事例や理論を示しながら記しました。

本書の構成
　第1章「新時代に際して」は，現在の日本や世界が，どんなパラダイムシフトの渦中にいるのかについて，本書籍を出版するきっかけとなった，アクセンチュア株式会社保科学世氏に語っていただきます。具体的には，第4次産業革命やSociety 5.0，働き方改革，withコロナなど，新しいビジネスや働き方，採用活動などに際して，どんな力が必要なのか（MELDS）について，学生や社会人1年目に向けた解説です。ご自身が監修を手掛けられた『HUMAN+MACHINE 人間＋マシン：AI時代の8つの融合スキル』の若年者向け書き下ろしでもあります。
　第2章「新時代に使いこなすべきツール」は，新時代に使いこなすべきツール（web会議システム，クラウドストレージ，ビジネスチャットツール，オンラインセミナーやサロン，SNS，動画共有サイト，コワーキングスペースなど）について解説します。大学生のみなさまは，学内のラーニングセンターや情報関連機関，図書館などで教えてくれる機会もあるかもしれませんので

探してみてください。高校生のみなさまは，先生に相談して教えてもらってください。あと，使い方は YouTube で検索すればすぐに学べます。

　第3章「重要な5つのキャリア原則」は，新しい時代を生き抜くために押さえるべき5つの原則（MELDS）を土台に，新しいキャリア教育の押さえるべきポイントを，ケーススタディを交えながら解説します（M：マインドセット，E：エクスペリエンス，L：リーダーシップ，D：データ，S：スキル）。具体的には，それぞれどんなスキルや態度なのかについて，みなさまが理解しやすい事例や，参考になる理論を紐解きながら説明します。

　第4章「新時代に必要な8つのスキル」は，第3章で解説した5つの原則の一つ「S：スキル」を若年者向けに8つに再定義して，それを身に付ける方法について解説をします（セルフマネジメント，経験から学ぶ力，問いを立てる力，ロジカルシンキング，クリエイティブシンキング，異文化理解力，自らを発信する力，グリット）。それぞれ日常生活でも実践しながら身に付けることができますので，まずは興味があるスキルから読んでみてください。

　第5章「新時代に即した新しいキャリアデザイン」は，新時代に即した新しいキャリアデザインについて解説します。具体的には，特に就職活動中の学生にとっては，そのまま活用できる新しい自己分析や企業団体研究，そしてインターンシップや面接対策についての，新しい戦略です。新型コロナウイルスによって，企業団体の採用活動がオンライン化しましたので，第2章で学んだツールをどう活かすかの視点で，読み込んでください。

本書の使い方

　学生のみなさまへ。まずは第1章を読んで現在の日本や世界におけるビジネスや働き方がどのように変化しているのか把握してください。そして毎日ニュースや新聞，ニュースサイトをチェックして，その知識を補強してください。なぜならば，変化のスピードがあまりにも早いため，それに応じた新しいビジネスや働き方が生まれ続けているからです。

　そして第2章はざっくり目を通して，それぞれのツールの特性を理解し，実際に使う機会があった時に是非読み込んでください。

　第3章と第4章は，興味を持ったスキルや態度から，少しずつ読んでいた

だければと思います。MELDS すべてを短期間に身に付けることは不可能で
すから，学生生活を営みながら，自分が得意なものからゆっくりと身に付け
てください。

　第5章は，就職活動を意識した時や，学年を問わず参加できるインターン
シップに挑戦したいと思った時に読んでいただければと思います。

　高校や大学など各種教育機関の教員のみなさまへ。もちろん，本書がすべ
ての教育機関に対応できるとは思えません。よって，みなさまがご担当する
授業にて身に付けることを目標とするスキルや態度をご自由にピックアップ
し，アレンジし，ご活用いただければと考えます。例えば各カテゴリで引用
している記事やニュースについては，最新の事例やみなさまの地域の親しみ
やすい事例などと差し替えて，授業を設計していただければと思います。

　各企業団体の新人研修ご担当のみなさまへ。こちらについても，本書の内
容すべてがみなさまの研修で伝えたいことを網羅しているとは思いません。
よって，みなさまがご担当する研修にて身に付けることを目標とするスキル
や態度をご自由にピックアップし，アレンジし，ご活用いただければと考え
ます。例えば各カテゴリで引用している記事やニュースについては，社内の
事例と差し替えて，研修を設計していただければと思います。

　少しでも本書が，若者が新しい時代をサバイブするスキルや態度を身に付
けるきっかけになることを切に祈ります。

見舘好隆

＊本書は，日本ビジネス実務学会の助成により刊行されました。

目　　次

第 1 章

新時代に際して

　2019年からの COVID-19（新型コロナウイルス感染症）の流行を受け，世の中のデジタルトランスフォーメーション（DX）は一気に加速しています。日本はアジア各国に先駆けて少子高齢化時代を迎え，この大きな感染症という波が来る以前から，AI やロボティクス技術（マシン）の活用は経済成長を維持するために必須でしたが，働き方を変えることはもはや選択の余地は無く，迅速に進めていかねばならない状況です。2018年末に出版した書籍，『HUMAN+MACHINE 人間＋マシン：AI 時代の 8 つの融合スキル』では，タイトルにある通り AI 時代に必要となるスキルを紹介しました。今回は CO-VID-19と共に変わりつつある2021年現在の世の中の状況と，本書が対象としている読者，即ち学生のみなさんや若手社会人のみなさんに向けて，今後，新しい技術，とりわけ AI の普及に伴い人々の働き方がどのように変わっていくのか，そして新しい時代はどのようなスキルが必要となるか，第 1 章で概説していきたいと思います。

現代日本が置かれている状況

　まず，日本の置かれている状況を概況すると，2035年には 3 分の 1 が高齢者となり，2055年には総人口は 1 億人を下回ると推定されています（内閣府「高齢社会白書2020年度版」）。したがって日本で経済成長を維持するには，AI やロボティクスの力を活用することが不可欠です。更に，今後は単純な労働人口不足ではなく，専門技術，特に AI を使いこなす職種は人材が不足し，逆に生産職・事務職などの職種は自動化により労働力過剰となると推定されます。では，そこで必要なスキルとはどのようなスキルなのか。順を追って解説しましょう。

　今，デジタルトランスフォーメーション（DX）という掛け声のもと，多く

の古い仕事がその姿を変えつつあり，さらに人間と新技術，特に AI の周囲に，新しい仕事が生まれ始めています。この時に注意すべきは，「人間 vs. AI」ではなく，多くの仕事は人間と AI の関係から生まれる新しい仕事である点です。アクセンチュアでは，人間と AI の協働によって生まれる新たな領域を，「ミッシング・ミドル（失われた中間領域）」と呼んでいます。この中間領域は，従来の経済調査や雇用調査などでは見落とされがちでしたが，人間だけでなく，AI だけでもなく，その中間領域，即ち人間と AI のインタラクションに注目し，人間が AI をサポートしたり，あるいは AI が人間をサポートしたりなど，人間と AI の協働を目指していく領域が重要になってきました。

　昨今の感染症が流行している状況で痛感したのは，流行半年前には誰も予想さえしていなかった社会変化に，一部の AI プログラムが追随できなかったことです。私自身，様々な予測プログラム，特に需要予測プログラムを多く開発していますが，アルゴリズムによっては，この流行の影響を学習するのに数ヵ月を要しました。予測精度も，COVID-19 以前の精度まで戻ったものがある一方で，以前の精度まで復活するには多くの時間が必要と思われるプログラムもまだ存在しています。AI の出す示唆は示唆として活用しつつも，過去に経験が無い状況において，人間がそれをどう受け止め，活用するのか，その力が問われています。COVID-19 に限らず，日本は自然災害に見舞われる災害大国です。過去に経験が無い状況において，AI の出す示唆をどこまで信用し，どのように活用するのか。少子高齢化社会という現状も併せて考えると，日本は他の国以上に AI との協働スキルが重要になると考えます。アクセンチュアの調査（2017）でも，日本の総（粗）付加価値（GVA : Gross Value Added）の成長率は他の先進各国と比較して，AI を最大限活用した場合とそうでない場合の経済成長への影響の差が約 3 倍と，各国に比べて大きいという結果が出ています（**図表 1-1**）。逆に，AI の活用が進まない場合における成長予想が最も低く，競争力の維持・強化には AI の活用が不可避と言えるでしょう。

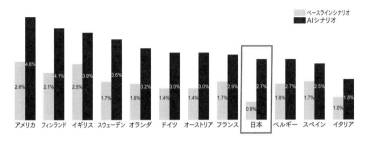

図表1-1　2035年の各国の GVA 成長率

AI と比べて，人間が得意なこととは？

　AI 活用の必然性を理解したところで，AI を有効に活用し，AI と人間の協働を促進するためにまず，AI と人間，お互いが得意とするところを整理しましょう（**図表1-2**）。

AI	人間
スピード	共感
安定性	課題設定
データ量（知識量）と大量データ解析	ルールの定義
機械との対話	柔軟な対応

図表1-2　AI と人間それぞれが得意とする領域

　AI（コンピューター）の計算スピードを上回る人間はいませんし，機械より安定して24時間365日働ける人もいないでしょう。また，インターネットに蓄積された情報より多くの知識を持っている人間もいませんし，膨大な情報を処理するのも人間には不可能です。最近はアレクサなどのスマートスピーカーを導入する家庭も増え，そのスマートスピーカーを通じて家電をコントロールできるようになるなど，あらゆるものがインターネットに繋がる世の中になりつつあります。自動運転の技術も進み，車両間通信の技術も出てきています。このように機械同士が通信することも当たり前になってきました。

私は機械と対話できる……と言うマニアックな方もいるかもしれませんが，ここは機械が得意とするところです。以上のように，AI は，特定領域で人間を大きく越えるパフォーマンスを発揮する，いわゆる"スペシャリスト"と言える存在です。

　では一方で人間が得意とするところはどういったところでしょうか。人間は「本能を持つ」生き物であり，一人では生きていけない社会性を持つ動物です。他人に「共感」し，他人からの「共感」を求める生き物です。表面的に人間に「共感」する AI は今後出てくると思いますが，それはその方が「人間受けが良いから」等，別の意図からそのように最適化された可能性が高いでしょう。また，「共感」される側の人間も，「AI」から共感されるのと，「人間」から共感されるのでは，受ける印象は相当違うはず。AI 時代において人間の強みとして「共感力」というのは今まで以上に重視されるべきものです。

　課題設定やルールの定義も人間が得意，あるいはやるべきことであると私は考えます。AI はある目標に向かって最適化するのは得意ですが，何を目標とするべきかについては，複雑な判断が必要であり，未だ AI にすべて任せる訳にはいきません。

　例えば小売業で「売上を最大化する」AI を開発したとしましょう。「売上を最大化する」ことだけを目標に設定された AI は，大量の物を仕入れて，大量のマーケティング費用を投入し，とにかく売上を最大化するように指示を出します。でもその結果，マーケティング費用が利益を食いつぶしては意味が無いですし，大量の売れ残り在庫を抱えても意味がありません。では，「本年度の利益と在庫を同時に最適化する」という条件をつけたとしましょう。こういった複数目標を設定した場合，どちらをどのように優先すべきか，AI が判断するのは難しいですし，このケースで言うと，「在庫最適化」という指示があるので，AI は過剰在庫のリスクを減らすため，欠品リスクをある一定確率で許容する動きをします。しかし，例えばその商品が社会的な必要性が高い商品，例えば人の命に関わるような医療器具を扱っていた場合はどうでしょうか。AI は未だ「社会的意義」といった判断をすることは困難で，どの商品に対してどれだけ欠品リスクを許容して良いのか判断することは，少なくとも現時点では困難です（詳しくは第 3 章第 4 節「D：データ」のユニクロの

例を参照）。

　次にルール設定の例を挙げましょう。例えば社会のルールといったものは，その地域の文化，宗教など様々なものが背景としてあり，人によって「正しい」と思うものは微妙に異なります。法律によって定められているようなものであれば，適合性をある程度 AI が判断することはできますが，世の中の何でもがルールの解釈の余地無く明文化している訳でもないので，明文化する部分は人間がやらねばならないでしょう。仮に AI がルールを定義できるようになったとしても，普通の人間は，機械が作った「ルール」に従って生きたくないですよね？

　上記は一例ですが，課題設定やルールの定義は，人間ならではの仕事と言えるでしょう（詳しくは第 3 章第 4 節「D：データ」の旭酒造の例を参照）。

　柔軟な対応も機械が苦手とするところです。AI は「過去のデータ」から振る舞いを学んだり，とにかく試行錯誤しながら最適な回答を見つけたりするのが特徴です。言い換えるなら，学習データに無い状況や，試行錯誤した環境と異なる状況に対した時，対応が困難となります。人間も基本的には過去の経験から学ぶものですが，多少過去の状況と異なる状況に陥っても，ある程度の対応は可能な柔軟性を持っています。正確無比では無い一方で，この柔軟性こそが人間の強みの一つと言えるでしょう。

AI と人間が協働するために必要なスキル

　このような AI と人間の特徴を踏まえた上で，AI と人間がコラボレーションするために必要な事とは何であるか，考えてみましょう。

　人間 vs. AI といった議論をしばしば目にしますが，機械と「協働」するマインドセットが重要です。「人間はマシンの能力を補完」し「マシンは人間の能力を拡張する」ことができるということをしっかり理解する必要があります。書籍『HUMAN+MACHINE 人間＋マシン：AI 時代の 8 つの融合スキル』では，以下 8 つのスキルを実務と直結した社会人向けに挙げました（**図表 1 − 3**）。これらのスキルは，単に人間と AI がインタラクションするだけでなく，人間とマシンがお互いから学びを得て常にパフォーマンスが改善される好循

環を生みだすために必要となるスキルです。書籍『HUMAN＋MACHINE 人間＋マシン：AI 時代の8つの融合スキル』執筆時とはまた少し異なる角度で，それぞれ解説していきます。

1．人間性回復	5．ボットによる強化
2．責任ある定着化	6．総合的融合
3．判断統合	7．相互学習
4．合理的質問	8．継続的改善

図表1-3　AI 時代の8つの融合スキル（社会人向け）

1．人間性回復

　先に述べた，「人間」だからこそできる領域，即ち，人に対して共感する力や，社会課題を見いだす能力，世の中のルール判断，言い換えるなら社会適合性の判断などをする力，人ならではの柔軟な対応をする能力が重要になります。こういった「人間」の強みによって，AI（機械）の弱点を補うことができるでしょう。今実際に企業の現場でAI 技術の導入が進んでいますが，AI との協業によって，人間らしさ，人間としての強みを発揮できるかが重要です。昨今，COVID-19 の流行を受け世界的にも医師の燃え尽き症候群が問題となっていますが，例えば画像診断など AI が得意な部分は AI を最大限活用することで，疲弊している医師が少しでも救われ，AI のサポートによって生まれた余裕により，一層患者さんの心に寄り添うことが可能になればと願っています。学生のみなさんが今からやるべきこととしては，統計やプログラミングといった AI 開発に必要な理系的な知識を学ぶこと以上に，社会やビジネスに対して課題意識を持ったり，人間が果たすべき役割を考えたりといった，文系的な学びをしっかりしてもらいたいと思います。加えて，機械ができること，人間がやるべきことを理解した上で「人間にしかできない作業」の時間を増やしていくことも非常に重要で，これを実現するために「**セルフマネジメント**」能力を日々の暮らしの中で身に付けていって貰いたいと思います。

２．責任ある定着化

　AIは日々進化していますが，「現時点」でどこまでAIを信用して活用して良いのか考えることは，難しい問題です。再び医療行為におけるAI活用を考えてみましょう。医師で研究のサポートにAIを活用することに異を唱える方はほぼ居ないですし，診断支援，例えば画像診断の分野ではAIの診断が人間の精度を上回る成果も上げつつあります（Scott Mayer McKinney ほか 2020）。一方で，果たして侵襲行為（外科手術や薬剤投与など）を医師の判断を介さず，現時点のAIに任せてしまって良いものでしょうか。大切なのはAIが意図せぬ結果や影響をもたらさないように制御すること，AIによる判断で許される医療行為と許されない医療行為の境界線を決め，またその境界線を周知した上で活用する必要があります。大事なのは，AI技術の活用と，その理解と受容の間には大きな差があり，また技術自体が急速に進化していくと認識すること。この差を埋めるために重要な役割を担うのが，「**経験から学ぶ力**」です。学生のみなさんも日々の経験から何が学びとして得られたのか，意識すると良いでしょう。

３．判断統合

　筆者は現在，経営判断で活用するためのAIの開発・導入を進めています。限定された目的（在庫最適配置，価格最適化，等）に沿って最適な計算をすることはできますが，先に触れたように，例えばその商品が欠品した場合の社会的影響や，倫理的影響については，AIが出した判断を基礎としつつも，最終的には人間が判断を行う必要があります。もう少し身近な例を挙げると，スマートフォンのナビに従い自転車などが高速道路に進入するケースが近年急増しました。これはAIの判断を人間が何も考えずに採用してしまったが故の失敗と言えるでしょう。「その時点での」AIの限界を理解した上で，自身が総合的な判断を下す必要があります。このスキルは言い換えるなら，マシンが何をすべきか分からなくなったときに，行動の方向性を決める判断力とも言えます。学生のみなさんにとっては日々の生活の中で何が正しくて何が正しくないのか考える，あるいは，身近な生活の中からでも，そこにある課題は何なのか，「**問いを立てる力**」と「**ロジカルシンキング**」を付ける訓練を

すると良いでしょう。

４．合理的質問

　近年，スマートスピーカーを筆頭に，対話型の AI エージェントが普及し始めています。これら AI エージェントは，技術的に進化の途上ということもあり，「上手な」問いかけをするか，「下手な」問いかけをするかで，期待される結果が得られるか否かが大きく左右されます。対話型エージェントに限らず，チャットや様々なインターフェースで AI と会話する機会は増えていきますが，その力を最大限発揮するには，相手の特性を理解した「聞き方」をする必要があります。特に日本語は曖昧さを許容する言語であり，この点は開発者として自身も苦労していますが，サービス利用者側が「明確」かつ「シンプルな」言い回しをしてくれるだけで大変助かることに加え，その AI エージェントの守備範囲を理解してくれているか否かが，回答精度に大きく影響します。対人関係においてコミュニケーション能力は重要ですが，相手が AI の場合でも，対 AI のコミュニケーション能力が必要になると言うのは興味深いですね。何れにしても，マシンと合理的に会話していくためには，「**問いを立てる力**」はもとよりロジカルに会話を組み立てる必要があります。そういった意味では，その基本に「**ロジカルシンキング**」があると言えるでしょう。

５．ボットによる強化

　AI エージェントとの対話能力について触れましたが，こういった対話を通じて自分の能力を補い仕事を遂行することは，今後より重要性を増します。アクセンチュアにおいても，Randy-san（ランディーさん）という名前の社内コンシェルジュや，Hiromin（ひろみん）という名のヴァーチャル秘書（AI チャットボット）が活躍していますが，こういった AI 社員を活用できる人間の社員と，活用していない社員では生産性に差が生まれます。これまでは，人間同士チームを組んでお互いを助け合うことが行われてきましたが，今後はそのチームに AI 社員が，そして自らをサポートする AI スタッフが，仕事でも家庭でも登場してくるでしょう。学生のみなさんが社会人として活躍する頃には，上記のような比較的単純な AI チャットだけでなく，人間の能力を

強化する多種多様な AI 技術が活用できるようになるでしょう。その時に AI 技術をどう使いこなすのか，その技術を活用して何を成し遂げるのか，決め手となるのが「**クリエイティブシンキング**」です。新時代に際してより人間に求められるのは，クリエイティビティなのです。

６．総合的融合

　日本は既に高齢化社会を迎えていますが，今後は一層，高齢者の活躍が必要となるでしょう。働かないとしても，衰える肉体を機械で補うことは非常に意味があることです。私は普段から眼鏡をかけて視力の「増強」をしていますが，この眼鏡をネットワークに繋がったスマートグラス化するだけで，私の能力は拡張されるでしょう。視覚に限らず，手足の衰えをロボットで補強すれば，生身の肉体よりむしろ高い能力を発揮できるでしょう。このように，機械や AI をあたかも自分の肉体のように使いこなす能力が今後問われるでしょう。まだ機械や AI が生身の肉体を真に融合するところまでは至っていません。しかし，そういった時代を見据えて若いみなさんに必要となる能力は，「**異文化理解力**」です。相手が機械であれ，人間であれ，異なるロジックで動くものを理解する力は重要です。自身とは違ったバックグラウンドを持つものを理解し，手を組み，お互いの強みを引き出し補いあう経験を若い時から是非積んでいただきたいと思います。

７．相互学習

　AI は学習して進化することがその特徴として挙げられます。人間の活動を AI がサポートするとなった場合，学習データの多くは，人間が生成したデータとなります。人間が AI の教師となるのです。一方で，ボットによる強化でも記載したように，人間も AI によってその能力を増強するようになります。その時，人間と AI がそれぞれ良い教師となり，お互いの能力を高め合う，そういった関係を築く能力が問われます。自分自身が教師にならなくても，誰か他の人のデータで学習すれば良いのでは，と思うかもしれませんが，例えば個人秘書のような AI エージェントを想像してみて下さい。他人に最適化されたエージェントより，あなたのことを良く知っているエージェントの方が

適切にサポートできますよね。今後は個人単位でも，AI に教え，助けられ，という関係が増えてくるでしょう。この教え，教わりという関係は，もちろん AI と人間の関係以前に人間同士でも重要な関係です。大学の講義では，受け身となることが多いかもしれませんが，受け身なままでは相互学習にはなりません。相互学習を実現するには，「**自らを発信する力**」を身に付け，他者に学びを与えることが重要です。

8．継続的改善

　筆者自身，多くの企業で AI を活用した業務改革を続けていますが，そこで必ずと言って良いほど突破しなくてはならない壁があります。それは，業務の現場が「既存の」業務プロセスから脱却できない，ということです。AI 活用と言ってもどうしても，「既存の」業務プロセスをなるべく変えずに「そのまま」自動化しようとしてしまいます。昨今 RPA（ロボティック・プロセス・オートメーション）がブームなのもこの流れです。業務の自動化は悪いことではありません。ただ，既存の業務をそのまま自動化しただけでは，「AI」を最適な形で組み入れることはできないし，抜本的な業務改革にもなりません。実際に我々が行ったデジタルトランスフォーメーション事例でも，既存のプロセスを前提とした RPA の導入だけでは，業務効率化の効果が数十％に留まるのに対し，AI 技術を前提として業務をゼロベースで組立て直すと，70～90％ の業務効率化が進むという結果が出ています。単に古いプロセスを自動化するのではなく，新しいプロセスやビジネスモデルをゼロからつくり上げる，マインドセットと，それを試行錯誤しながらも，実行していく力が今必要とされています。学生のみなさんが今から身に付けられること，という観点で考えてみるとこの 8 つ目のスキルは，「**やり抜く力**（GRIT：Guts, Resilience, Initiative, Tenacity）」と言い換えることができるでしょう。常に常識を疑い，知識をアップデートし，古い考え方を持つ，あるいは既存のやり方に固執する人々のやり方を変えるには，この「やり抜く力」がとても重要です。多くの学生のみなさんは未だ，大きな業務改革に携わってはいないと思いますが，大なり小なり日々何かしらの困難に立ち向かうことはあるでしょう。その時に，その困難から逃げず，やり抜いた経験が将来必ず活きてくる

と思います。

　以上，新時代に向けて必要となるスキルを見てきましたが，読者のみなさんは新時代に必要なスキルや，AI との協働の姿がイメージできたでしょうか。本書では，書籍『HUMAN+MACHINE 人間＋マシン AI 時代の 8 つの融合スキル』で挙げた 8 つのスキルを，学生が学生時代に日常生活で身に付ける視点で，以下の 8 つに再定義しています。

1．セルフマネジメント	5．クリエイティブシンキング
2．経験から学ぶ力	6．異文化理解力
3．問いを立てる力	7．自らを発信する力
4．ロジカルシンキング	8．グリット（やり抜く力）

図表 1-4　AI 時代の 8 つの融合スキル（学生向け）

　上記 8 つのスキルを，今学生のみなさんがどのように身に付けていくべきかについては，第 4 章で解説します。

　今後，既存の職業のあり方は大きく変わると筆者は予想しています。農業，水産などの第一次産業は，AI により管理機能が極度に省力化され，少数の技術的専門家・業種専門家によって運営される形となるでしょうし，多かれ少なかれ統合企業体化も進むでしょう。現場作業は今まで以上に機械（ロボット）が導入され，それを AI 技術が支える形となると想定しています。製造，建設などの第二次産業は，AI に支援された少数の経営者による経営となり，人事，サプライチェーン，マーケティング，リスク管理などの専門職は，人間の専門家から AI へとその比重が移ると予想しています。第一次産業と同様に，工場・建設現場のワーカーは，機械（ロボット）の導入が進むでしょう。サービス業などの第三次産業に関しては，基本的に第二次産業と同様の流れが進むと想定していますが，バックオフィス事務は自動化により消滅に向かう一方で，人間力を活かした対人ケア，高度な営業・コンサルタントが生き残ると予想しています。何れにしても上記各産業の AI 化に伴い，各企業に属する，各業務のスペシャリストとしての正社員の数が減る一方で，AI 化を支

えるデータサイエンティストや AI エンジニアは暫く人員不足が続くでしょう
し，AI を賢くするためのデータを提供するような（極端な言い方をするなら
パーソナルなデータを売って生活の糧にするような）人々も増えてくるでしょ
う。人々の働き方の変革に伴い，人材エージェントや人材再教育を専門とす
る人々の重要性が，今まで以上に増すでしょう。

　これまで述べてきたように，新しい世の中では，人間と AI の協業ができる
か否かがその人の価値を大きく左右します。ジム・コリンズは著書『ビジョ
ナリーカンパニー』で「OR の抑圧」に屈することなく「AND の才能」が必
要であると述べています。AI との協働に即して解釈するなら，AI か人間か，
二者択一では無く，人間と AI のコラボレーションこそが重要なのです。AI
と人間，それぞれが得意とする領域を見極め，協働する力が今，求められて
いるのです。

　筆者が企業の現場で AI 導入を進めていて感じることは何より，小さくても
多くのチャレンジをし，失敗から学んでいる企業こそが，結果的に AI 導入に
成功しているということです。世の中ではよく，「失敗を恐れるな」と言われ
ますが，筆者はむしろ「ミスや失敗を奨励しなければならない」と言ってい
ます。学習データや学習環境でその結果が大きく変わってくる AI 導入におい
て，試してみることこそ重要です。人間も AI も失敗から学ぶものなのです。
そういった観点から若い読者のみなさんには，「失敗を恐れる」のでは無く
「小さな失敗を多く」経験して貰いたいと思います。

（保科　学世）

第2章

新時代に使いこなすべきツール

　新型コロナウイルスの感染拡大を機に企業が次々とリモートワークを導入
し，学校や大学の授業もオンライン化されるなど，今までの「当たり前」が
急速に変化しました。政府の提唱する未来社会である Soceiety 5.0 も，「いつ
か来る未来」ではなく「すぐそこまで近づいている未来」であり，DX（デジ
タルトランスフォーメーション）による新たな社会，働き方へ大きく世の中
は変化を始めました。よって，従来の仕事の仕方にこだわっていてはこの進
化のスピードの波に乗ることはできません。仕事，特に他者と協働していく
ためには ICT（情報通信技術）にかかわるツールやサービスの特徴を知り，
使いこなしていくことが必要です。

1．web 会議ツール

　コロナショックにより，web 会議ツールは世界規模で急速に利用者が増加
しました。会議やセミナー，打ち合わせ，勉強会，さらにはプライベートで
も利用は広がり，"Zoom 飲み会" という言葉も生まれました。代表的な web
会議ツールは「Zoom Meeting」，「Cisco Webex Meetings」，「Google Meet」，
「Microsoft Teams」などがあります。**図表2-1** に web 会議ツールを用いるこ
とでできることをまとめました。準備や実施中にかかるあらゆる手間やコス
トがほとんどかからなくなることが分かります。もちろん，web 会議ツール
の利用料金や参加者のネット環境を維持するコストはかかりますが，交通費
や場所代などに比べれば格安です。つまり，コロナショックによってもたら
されたリモートワークの普及は，時間やコストの削減に繋がり，そして新た
に生み出された時間をアイデアの創出などに用いることが可能になったと言
えるでしょう。

前日までの 準備	スケジュール調整	距離や移動時間を考えなくて済むので，調整しやすい。
	場所の確保	不要。場所の確保の手間や会議室代など費用がかからない。
	お知らせ	メールに日時と参加用 URL を送るだけ。場所の案内図など不要。
	参加者の移動	場所によっては交通機関や宿泊の手配が必要だったが一切不要。
当日準備	配布資料	PDF で準備し，メールで事前に送るか，画面共有すれば OK。 印刷・製本・配布の手間やコストがかからない。
	受付や誘導	受付や誘導スタッフ，看板の設置など一切不要。
	参加費などの徴収	事前にカードなどで決済しておけば不要。
	飲料などの準備	各自用意するので不要。
実施中	プレゼンテーション	パワーポイントや動画を画面で共有するので，プロジェクターやスクリーンの設置の手間や費用が一切不要。
	グループワーク	Zoom のブレイクアウトルームなどを使って実施可能。他の会議室への移動や，机のレイアウト変更をしなくて済む。
	議事録作成	レコーディング機能を使って録画し，クラウド上に共有可能。 欠席者のための詳細な議事録作成は不要。

図表2-1　web 会議ツールでできること

　さて，手間や費用の面ではメリットが多い web 会議ツールですが，デメリットも当然あります。心理学者アルバート・メラビアンは「感情（好意や反感）」の伝達は「見た目・表情・しぐさ・視線等」の視覚情報が55%，「声の質・話す速さ・声の大きさ・口調等」の聴覚情報が38%，「言葉そのものの意味・話の内容等」の言語情報が7％であるとしています。また，ティモシー・ウィルソンは，人間は1秒で「五感から100万要素以上の情報を取り入れ，両目だけで1,000万以上の情報を取り入れ脳に送信している」としています。これらのことから，視覚からの情報の役割が大きいことが分かります。よって，パソコンやスマホを介したコミュニケーションの場合，画面に映ってからの3〜5秒の「視覚情報」で印象が大きく変わるということになりま

す。ところが，画面に向いていない，逆光で顔が暗い，カメラの解像度が低い，背景部分が大きく人物が小さい，背景が雑然としている，カメラをオフにするなどのケースが見受けられます。これでは相手に悪い印象を与えてしまいます。そして，web 会議ツールの最大の弱点の一つが，相手の反応が分かり辛いこと。リアルな場面でのコミュニケーションであれば，聴き手の表情や態度，姿勢，しぐさなどで推察ができましたが，パソコンやスマホ越しですとほとんど伝わりません。結果，コミュニケーションはスムーズにならず，会議やセミナー，打ち合わせなどの成果に影響が出てしまうでしょう。

　では，どのようにすればオンラインでの「視覚印象」をアップし，コミュニケーションをスムーズにすることができるでしょうか。**図表 2-2** にまとめましたのでチェックしてください。

1	10分前にログイン	カメラやマイク，スピーカーの接続不具合や，ソフトウェアの更新など，ログインしてから判明することがよくあります。早めにログインして確認してください。
2	顔を明るく	顔が暗いと与える印象も暗くなります。逆光は避け，昼間であっても部屋のライトや卓上スタンドを使って顔を明るくしてください。
3	背景に配慮する	背景も印象に残りますので，整理整頓しましょう。もしくは，シンプルな背景画像を事前に設定しましょう。web で検索すれば背景用の画像が見つかります。
4	白い服は避ける	就職活動用の証明写真と同じです。濃色の上着を着ることで顔が引き締まって見えます。
5	カメラは目線に	ノートパソコンを上から見下ろして参加すると，相手からは「上から目線」に見えますので，カメラと目線は同じ高さになるように調整してください。
6	画面に近づく	特に参加者の多い場合は，画面に少し近づいて，顔を大きく見せて，顔を覚えてもらいましょう。表情も伝わりやすくなります。
7	ログインしたら即挨拶	第一印象が大事です。ログインしたらマイクをオンにして，カメラ目線で，姿勢を正して，まず挨拶をしましょう。もちろん，お辞儀をするのも忘れずに。
8	大きな声で，滑舌よく	参加者は様々な環境で接続しています。周囲の音で聞こえにくい参加者もいるでしょう。よって，いつもより大きめの声で，聞き取りやすい話し方で話してください。

9	話を聴く時はミュート	人が話しているときは雑音が入らないように，マイクはミュート（OFFにする）がマナー。特に議事録作成者は，タイピングの音が耳障りになるので注意。
10	相づちは必須	画面越しだと話し手は聴き手の反応がほとんど分かりません。よって，聴き手は大きくうなずく，笑顔を見せる，挙手するなど，反応が伝わるようにしてください。
11	事前にリハーサルを	画面共有やレコーディング，グループワーク，チャットなど，様々な機能に慣れるために，自分で事前にweb会議を開催して，友達とリハーサルをしてください。

図表2-2　オンラインでのコミュニケーションで印象をアップさせるコツ

2．ビジネスチャットツール

　web会議ツールは画面越しで話し合う時に使いますが，時間を取って話すほどでもない報告や連絡，相談（「報連相」と呼びます）などの場合はどうでしょうか。総務省が緊急事態宣言を受け，2020年5月から緊急に行った調査によると「リモートワークで不便だと感じた点」として一番多かった回答が「社内での気軽な相談・報告が困難（34.5%）」でした。そんな気さくな対話に便利なのがビジネスチャットツールです。slack, Chatwork, LINE WORKS, Microsoft Teamsなどがあります。いずれもLINEなどSNSのように1対1はもちろん，複数のメンバーと議論ができます。また，資料の共有はもちろん，テーマごとに掲示板（slackなら「チャンネル」）を設定して議論ができる仕組みになっています。そして用意されている絵文字で感情を表現する，既読であることを伝えることもでき，まるで休憩室の雑談のような気さくなコミュニケーションが可能です。さらに，職場内で使用するだけでなく，社外の人とコラボレーションするためのツールとして使うケースも増えています。対面したことがなくても一つのチームとしての協働が実現する，とても便利なツールなのです。

3．クラウドストレージサービス

　みなさんは作成した文書ファイルやデータはどこに保存しているでしょうか？　パソコン本体やUSBメモリなどに保存している方が多いと思いますが，いずれも破損・紛失のリスクがあります。また，リモートワークの場合，

職場と自宅で違うパソコンを使うことが多く，自宅で作ったファイルを職場で使うといった作業が効率よくできません。そこで現在，注目されているのが「クラウドストレージサービス（以下，クラウド）」です。クラウドを利用すれば，インターネット環境があれば違うパソコンやスマホからでもクラウド上に保存したデータを確認したり編集したりすることが可能となります。クラウドには「Dropbox」，「Box」といった専用サービスのほか，Microsoft365の「OneDrive」，Google の「Drive」などがあります。これらのサービスは個人で使うだけでなく，情報の共有にも活用できます。例えばプロジェクトで作成する Word や Excel のファイルをクラウド上に共有しておけば，チームでリアルタイムに共同編集することが可能です。また，web 会議ツールで話し合いながらパワーポイントのスライドを作成するなど，他のコミュニケーションツールを併用すれば，まるで同じ部屋に机を並べて作業することと同質の協働が可能です。

4．どこでもオフィス（コワーキングスペースなど）

　新しい働き方であるリモートワーク。働く場所は自宅以外でも電源とネット環境さえあればどこでも可能です。そこで近年普及したのが，サテライトオフィス，シェアオフィス，コワーキングスペースです。その他，スターバックスやコメダ珈琲などカフェで仕事をする「ノマドワーカー」や，地方の山奥や離島などにサテライトオフィスを設置して，休暇も兼ねて働く「ワーケーション」など，いろんなスタイルが生まれました。ここでは「どこでもオフィス」と呼びましょう。**図表 2−3** にまとめましたので参考にしてください。なお，法政大学の長岡健教授はゼミ活動を，オンラインになる以前から，カフェで，ゼミ生外の社会人も参加できる形で開催していました。学生が学ぶ場所もこれからリモート化していくでしょう。

サテライトオフィス	通勤時間を短縮するために，本社から離れた場所にオフィスを設置する。徳島県神山町が有名。日立製作所が東京駅八重洲口に設置した「アットテラス」など。
シェアオフィス	レンタルオフィスとの違いは，複数の利用者がフリーアドレス形式で使用する点。例えば東急電鉄の「NewWork」は，ネットカフェのように時間ごとに課金するタイプ。
コワーキングスペース	シェアオフィスとほとんど同じだが，利用者同士が交流を図り，コミュニティを形成することを重視。「WeWork」が有名。現在，地方都市においてもスタートアップの拠点として普及している。
ノマドワーカー	二ヵ所以上を移動しながら，快適な場所で生活と仕事をする働き方。本田直之，堀江貴文などが有名。近年では旅をしながら動画をアップするYouTuberも多い。
ワーケーション	サテライトオフィスの進化版。リゾート地にサテライトオフィスを設置し，休暇と仕事の両立を目指したもの。和歌山県白浜町が有名。その他，三菱UFJ銀行が軽井沢に設置。

図表2-3　いろいろな「どこでもオフィス」

5．ウェビナー（オンラインセミナー，webセミナー）

　従来，社会人が受講する研修やセミナーは，一つの会場に集まって開催されることがほとんどでしたが，コロナウイルスの感染拡大防止のため，学校の授業と同じく，大人数での開催はほぼ不可能となりました。結果，一気に普及したのが，ウェビナー（webセミナーから派生した造語）です。例えばweb会議ツールのZoomの機能の一つ「ビデオウェビナー」を用いれば，最大1万人の参加が可能なセミナーやイベントを実施することができます。ウェビナーの利点は，参加者にとっては，参加するために必要な交通費や移動時間がゼロであることです。仕事の合間や，夕食を食べながら参加することも可能です。安価で気軽に参加できるメリットを活用して，積極的に参加して知識の幅を広げていきましょう。ウェビナーの情報は「Peatix（ピーティックス）」で探すと便利です。

6．SNSや動画サイトを活用して，自らが発信者となる

　本章で最も伝えたいことは，今まで説明してきたツールを使って，情報の

受け手ではなく，送り手として自分自身が発信する側になることです。イン
ターネットが普及する前は，テレビや新聞などマスメディアに多額のお金を
支払わなければ，多くの人に自ら発信することはできませんでした。でも今
はどうでしょう。Twitter や Facebook などの SNS や，アメブロや Note など
のブログ，YouTube や TikTok などの動画共有サイト，そして Zoom を使っ
たウェビナーなどで，無料もしくは安価で自らを発信することができるよう
になったのです。特に YouTube や Note，ウェビナーなどは，収入を得る手
段にもなり得るのです。つまり，品行方正で法律さえ守れば，何を発信して
も OK。さらに一部の国を除き，インターネットに国境はありません。英語
を併記すれば世界中の人々に向けて情報発信できるのです。最初は閲覧数が
伸びない，ネガティブなコメントがつくなど，順風満帆にはいかないことの
方が多いと思いますが，そもそも発信しなければフィードバックもありませ
ん。マイナスのコメントこそ価値が高いと考え，改善していけばいいのです。
その意義については第 4 章第 7 節「自らを発信する力」で詳しく解説します。
　是非，学生時代に，これらのツールを使って自ら発信することを実践して
みてください。

（奥村　命子）

第3章
重要な5つのキャリア原則

第1節　M：マインドセット

いきなりAI導入担当。私には知識が無いから無理だ！

　アニメ『鬼滅の刃』の第一話。町に炭を売りに出て家に帰ってきた主人公・炭治郎は，鬼に襲われ血だまりの中絶命していた家族と対面します。そして唯一生き残っていた妹・禰豆子は家族を襲った鬼の血を浴び，人を喰らう鬼と化していました。さらにそこに「鬼狩り」の中でも屈指の強さを持つ冨岡義勇がやって来て，妹を殺そうとしました。家族は死に，妹は鬼に，相手は絶対に勝てない剣士。この絶望的な状況において炭治郎は「妹を必ず人間に戻す」という決意をバネに，創意工夫を凝らし，自分ができる最大限の努力を行うことで窮地を脱し，明日へと踏み出しました。

　詳しくは本作を読んで欲しいのですが，お伝えしたかったことは，なぜ炭治郎はこの窮地の中，前に進めたのかについてです。これが本節のテーマ「マインドセット」です。マインドセットとは，これまでの経験や教育などによって形成された，先入観や価値観，信念などから形成される思考（マインド）の様式（セット）のこと。スタンフォード大学教授のキャロル・S・ドゥエックが提唱する概念です。マインドセットは大きく二種類。自分の能力は石板に刻まれたように固定的で変わらないと信じている「硬直マインドセット（fixed mindset）」と，人間の基本的資質は努力次第で伸ばすことができるという信念「しなやかマインドセット（growth mindset）」です。前述した炭治郎は言うまでもなく「しなやかマインドセット」です。2つのマインドセットの比較を**図表3-1-1**にまとめました。あなたはどちらのタイプでしょうか。

マインドセットのタイプ	硬直マインドセット	しなやかマインドセット
特徴	才能は変化しない	才能は磨けば伸びる
願望	ひたすら自分は有能だと思われたい	ひたすら学び続けたいと思っている
挑戦	できれば挑戦したくない	新しいことにチャレンジしたい
障害	壁にぶつかったらすぐに諦める	壁にぶつかっても耐える
努力	努力は忌まわしい	努力は何かを得るために欠かせない
批判	ネガティブな意見は無視する	批判から真摯に学ぶ
他人の成功	他人の成功を脅威に感じる	他人の成功から学びや気付きを得る
結果的に起こりうること	結果的に早い段階で成長が止まり，可能性を発揮できない。すべてを決定論的な見方でとらえてしまう	結果的により高い成果を達成できる。すべてを自由な意思で切り開いていける

図表3-1-1　2つのマインドセットの比較

　しなやかマインドセットと硬直マインドセットの違いをもっと理解するために，具体例を出して比較してみましょう。

ある日，大学に行ったところ，応募していたビジネスコンテストの事務局から電話があり，選考の結果，惜しくもあと一歩で選外だったとのこと。落ち込んだまま授業に出て，終わってからアルバイト先にバスに乗って向かったところ，渋滞に巻き込まれて出勤時間に間に合わなくなり遅刻のお詫びをする羽目になり，さらに帰宅後，彼女から電話があり，今週末のデートにクラブ活動で行けなくなったと連絡がありました。

　さて，あなたならどう思うでしょうか。もしあなたが硬直マインドセットの人ならば，「自分には能力が無い」「自分は不幸だ」「自分は愛されていない」など，その日の出来事で自分の能力や価値が決まってしまったように受け取ってしまうでしょう。ひいては「人生は不公平，どんなに努力しても無駄」「自分はついていないし，これからもついてない」「周囲の人はみんな自

分に対して冷たい」など，さらに落ち込んでしまうかもしれません。

　しかしあなたがしなやかマインドセットの人であれば違います。「コンテストはあと一歩だったのか，よし，何をもっと努力すれば入選できるか考えよう！」「お詫びで済んで良かった！この時間帯は道が混むことが分かったのだからこれからはもっと早めに出よう！」「彼女もクラブ活動のことで不安を抱えたままのデートはつまらないだろう。逆に延期してくれて良かった！」など，自分をダメと決めつけず，失敗を糧に気付き，そして試練に立ち向かい，コツコツと努力を積み重ねることができるでしょう。

　このように，同じ出来事であっても，マインドセットの違いでこうも違うのです。であれば，もしあなたが硬直マインドセットの人ならば，しなやかマインドセットに変えた方が良いと思いませんか。実際，マイクロソフトは全社員に向けてしなやかマインドセットを身に付ける38時間のハッカソン（ソフトウェア関連の開発を競うイベント。Google や Facebook も開催している）を実施し，結果1兆ドルの企業へと大きく成長しています。また，第2章で解説した現代日本が置かれている状況を考えても，既存の事業を継続するだけでは未来は見えません。少子高齢化やコロナショックなどを逆にチャンスと捉え，AI やロボットを，仕事を奪う敵と考えず協働することを念頭に，新しいビジネスのアイデアをいくつも提案し，失敗を恐れず果敢に挑戦する人材が求められていることは言うまでもありません。

　キャロル・S・ドゥエックはマインドを「硬直」から「しなやか」に変える，いくつかのヒントを教えてくれています。

1．人はみな，最初はしなやかマインドセット

　ほとんどの人は，生まれてすぐの時は，「しなやかマインドセット」だったはずです。にもかかわらず，失敗する，周囲の人に否定されるなどの出来事によって，「硬直マインドセット」にたまたま変わっただけなのです。だから自ら意識すれば，しなやかに戻せるはず。困難に打ち勝って何かを学ぶたびに，脳に新たな回路が形成されていく様子を思い描きましょう。

2．完成品より，途上品

　人はみな，ついつい完璧を求めてしまいます。確かに，友達や恋人，そして結婚相手を選ぶ時，その時点で最高の人を選ぶことはできるかもしれません。しかしそれでは，それ以上の成長は望めません。ともに長所を称え，ともに欠点を建設的に批判できる人の方が，互いに刺激を与えながら成長できます。そちらの方が人生は豊かになります。

3．結果ではなく，そのプロセスを通して何を学んだか

　自分の価値が決まってしまったように思ってしまった経験は無いでしょうか。志望する大学に落ちた，クラブ活動でレギュラーになれなかった，アルバイト先をクビになったなど。そんな時こそ「しなやかマインドセット」で自分を客観視すれば，その辛い経験からの学びが見えてくるはず。その学びを言語化し，次の機会に活かせば，その経験は「価値ある経験」となり，将来「笑い話」として人に話せるようになります。特に失敗した時は，人のせいにしないことと，「どうせ私は……」と考えないことがコツです。

4．そばにいるといい意味で落ち着かない人と対話する

　「自分の欠点をよく分かっていて，その克服に手助けしてくれる人」「もっと優れた人間になろうとする意欲を高めてくれる人」「新しいことを学ぶように励ましてくれる人」。こんな人はきっと周囲に何人かはいるはずです。もし，いないと思っている人は単に「欠点を指摘する嫌な人」「自分より優れていて劣等感を覚える人」「何でもやれと発破をかけるうざい人」と，自分が勝手に思い込んでいるだけではないでしょうか。あなたに刺激を与える人は，あなたの成長に期待して刺激を与えてくれているのです。逆に刺激を感じない，居心地がいい，いつもと同じ仲間と一緒にいるだけだと，そこからあなたは一歩も成長できません。

5．いつもやりたいと思っているけど，やれないことをやる

　ドイツの哲学者ニーチェは，「あなたが出会う最悪の敵は，いつもあなた自身であるだろう」と語りました。漫画『宇宙兄弟』の主人公・南波六太も「俺

の敵はだいたい俺です」と語っています。もし，いつもやりたいと思っていて，やれないことがあるのなら，それは自分自身が勝手に「やれない理由」を作って並べているだけではないでしょうか。だからこそ，やりたいと思っていることを，気持ちを切り替えて，ほんの一歩でもいいからやってみることが，硬直マインドセットからしなやかマインドセットへ変える，最も簡単な方法だと思います。

　第1章を読んだ方は理解したと思いますが，RPA（Robotic Process Automation），すなわち定型業務（ルーチンワーク）にAIやロボットなどを導入して，既存の業務を自動化してコストや納期を早める仕事が，今後増えることは間違いありません。それを新人に任せる可能性も高いでしょう。なぜならばそのDXに伴う仕事は，既存の社員もやったことが無く，逆に仕事に対して先入観を持たない新人の方がうまくいくかもしれないのですから。実際，私の授業に登壇していただいたアクセンチュアの立川真理子さんは，人文社会系の大学出身でプログラミングの知識はゼロなのに，入社直後からシステムエンジニアの仕事に取り組んでいます。彼女は「スポーツに例えてみると，実は簡単。きっと書籍を買ってルールやテクニックを学び，試合をたくさん観るでしょう。そして繰り返し練習して身体に染み込ませ，実践できるようにした上で，あとは"自分ならできる"とメンタルを鍛えればいい。新しい挑戦を通して成長する自分を楽しめば良い」と教えてくれました。
　最初に引用したアニメ『鬼滅の刃』の主題歌「紅蓮華」の歌詞（作詞：LiSA）にも，そのメッセージが込められています。「強くなれる理由」は，「世界に打ちのめされて負ける」こと，「乱暴に敷き詰められたトゲだらけの道」をプラスに変えること。「変わっていけるのは自分自身だけ」であり，「逸材の花より挑み続け咲いた一輪が美しい」のです。まさに「しなやかマインドセット」を描いた歌詞であり，実際，本作の主人公やその仲間たちは，しなやかな思考を持っているからこそ，多くのファンを獲得したのだと思います。

　「感情」は変えられなくても「行動」は変えることができます。「過去」は無理でも「未来」は変えられます。そして「他者」は変えられませんが「自

分」なら変えることができるのです。「自分を変える」信念を今日から胸に刻んでください。

（見舘　好隆）

第2節　Ｅ：エクスペリエンス

> ## 入社後，失敗しそうな新しい仕事を任された。
> ## 断った方がいい？

　サイバーエージェントの藤田晋社長は2019年4月1日の入社式で395名の新入社員に向け，アメリカンフットボールの選手がよく使う言葉「No Pain, No Gain」と檄を飛ばしました。藤田社長は，小学校から大学まで英語を学んでも英語ができなくとも，無理矢理ハードな英語圏に半年から1年暮らせば話せるようになるという例や，筋肉隆々な人は間違いなく非常に辛い筋トレを重ねている例を挙げ，仕事ができる人は，泣きごとを言っていられない環境で自らを磨き上げつつ，同時に小さな努力を重ねていることを告げ，最後に「仕事以上に楽しいことはほとんどない位，仕事というのは本当に楽しいもの」という表現で，辛い経験を避けるのではなく，逆にその経験こそ，自らを鍛え，結果に繋がる。辛い経験を楽しむことが大事という言葉でメッセージを結びました。藤田社長の入社式での祝辞は，まるで今の「働き方改革」に逆行するようなメッセージですが，あえて新入社員に贈った意図をしっかりと考える必要があります。彼のメッセージは，大きく3つ。「環境が人を育てる」と「人は経験から学ぶ」「辛い経験を楽しむ」です。

1．環境が人を育てる
　「孟母三遷」という言葉があります。孟子の母親が，環境が子供に与える影響を考えて，三回引っ越した故事から生まれた言葉です。また，オリンピック選手の多くは，親もスポーツ選手であることの理由も，遺伝的な要因以上に環境の要因の方が大きいでしょう。例えば，ロンドン，リオデジャネイロ

のオリンピックで女子卓球の日本代表を務めた石川佳純選手の例を紐解いて
みましょう。彼女の母・久美さんも卓球選手だったので，佳純さんは幼少期
から母の練習風景を観ていました。そして６歳の時に「私にもやらせて」と
訴えてきたので，久美さんは週に３〜４回，近所の中学校の体育館で夜２時
間行っていた自らの練習の最後の10分だけを佳純さんのために使いました。
結果，久美さんは卓球仲間に「お母さん，自分の練習なんか，やっている場
合じゃないよ」と言われるほど佳純さんは上達。久美さんは自分の練習を辞
めて，鬼コーチに変身。久美さんは自らの卓球の時間を捨てたのだからと，
佳純さんが練習を休むことは絶対に許さなかったそうです。もちろん佳純さ
んはその思いを汲んで，どんなショットを打たれても絶対に諦めない，とに
かく食らいつく，どんなに追いつかないと思っても必ず一歩足を出す，そん
な選手へと育ち，結果，その年の全日本卓球選手権（バンビの部）の県大会
で２位となり全国大会出場，本大会でも初勝利を挙げました。もっと練習し
たいが，練習場所まで車で往復２時間かかる時間が勿体ない。両親は奮起し
て自宅に卓球場を作って応援しました。結果，小学４年生で全日本大会ベス
ト16，５年生でベスト８，そして６年生で優勝。そして中学生からは強いライ
バルたちに囲まれて練習した方がいいとミキハウス・ジュニアスポーツクラ
ブ（大阪）へ。さらに飛躍し，高校１年生でインターハイ，国体，選抜，全
日本ジュニアを完全制覇。その２年後には全日本選手権シングルスで初優勝。
その後は世界大会で活躍し今に至っています。ご両親のお人柄と，ご両親が
作り上げてきた厳しい環境が，石川佳純選手を育てたことがよく分かります。
まとめると，エクスペリエンス，すなわち経験を促進し，育む環境づくりが，
その組織に所属するメンバーの才能，丁寧に言えば努力や挑戦によって生み
出される価値ある「エクスペリエンス」を積み重ねる行為を促進することに
繋がるのです。これからの将来の進路選びにおいて，そういった「エクスペ
リエンス」を積み重ねることを奨励する環境を持つかどうかが問われると言っ
ても過言ではないでしょう。前述したサイバーエージェントにはそんな環境
が潤沢にあると，藤田社長は新入社員に伝えていることがよく分かります。

2．人は経験から学ぶ

　キャリアカウンセリング理論の先駆者であるジョン・D・クランボルツは，「人生のほとんどが予期せぬ出来事によって左右される以上，予期せぬ出来事を避けるのではなく，起きたことを最大限に活用する。つまり，偶然を積極的に作り出し，自らのキャリアに繋げていく姿勢が重要」だと指摘しています（計画的偶発性理論）。そしてクランボルツは，予期せぬ出来事を創り出すには，5つの行動指針を持つことが大事だと指摘し，その一つが「冒険心（Risk Taking）」です。「リスクを取らずしてチャンスは来ない」という意味です。しかし，多くの人が失敗を恐れて，挑戦に臆してしまいがちではないでしょうか。当然，それでは新時代を生き残ることはできません。なぜならば，失敗を恐れて何もしなければ，失敗と同時に失敗から学ぶ成長の「エクスペリエンス」を失うからです。

　NHKドラマ『ミス・ジコチョー～天才・天ノ教授の調査ファイル～』の主人公，天ノ真奈子の決め台詞は「私，失敗しちゃった」。彼女は某大学の工学部教授で「失敗学」を研究しており，事故調査は彼女の最高のフィールドワーク。「成長・進歩には必ず失敗がついてまわるもの」という信念で失敗を愛し，失敗話に目を輝かせるため，相手をよくイラつかせていますが，多くの失敗データを持つ彼女が結果的に事故の真実を暴く物語です。本ドラマの「失敗学」は，東京大学名誉教授の畑村洋太郎が提唱した理論を土台にしており，失敗の責任を追及するのではなく，直接の原因と，背景的・社会的な原因とを究明して知識化し，再発防止に役立てるという考え方です。特に天ノ真奈子は，失敗からの学びを社会に正しく広めている点において，失敗は価値ある「エクスペリエンス」であるという畑村洋太郎の示唆を活かしていると言えます。

　また，太平洋戦争における日本軍の敗戦を分析した，一橋大学名誉教授の野中郁次郎らは，『失敗の本質』の中で，敗因の一つとして「型の伝承」を挙げています。日露戦争で勝利した日本軍は，その成功例に囚われ「型として伝承」し依存した結果，大東亜戦争では時代遅れの戦術に固執することになり，創造やイノベーションの目を潰して敗戦したのです。既存のルールにこだわる日本人の旧来の気質は，大きな変化を伴うイノベーションを生み出す

ことが苦手だと言われています。その気質や思考法がこれまでに述べてきた，今の時代に必要なイノベーションを阻害し，変化の芽を潰してしまいかねません。よって，目の前の小さな失敗を恐れず行動し，その結果の成功も失敗も正しく分析し，その結果を「型」ではなく，形のないアメーバのように常にバージョンアップしエクスペリエンスとして活用することが重要なのです。

　そういえば，サイバーエージェントのロゴや各種サービス名はアメーバですね。藤田社長は，進化し続けるインターネットというフィールドを舞台に常に成長と進化を続けるモチーフとして，色々なものを吸収し，柔軟に形を変え柔軟に成長するアメーバを選んだそうです。

3．辛い経験を楽しむ

　前述したミス・ジコチョーの「私，失敗しちゃった」とは真逆の決め台詞を使う，ドラマの主人公がいましたね。そう，「私，失敗しないので」が決め台詞の，テレビ朝日ドラマ『ドクターX』の主人公・大門未知子です。ドラマを観た人は知っていると思いますが，大門未知子はオペがまるで趣味のように大好きで，権威や金銭には全く執着せず，とにかく目の前の患者の命を救うために天才的な外科手術を行い，完治させています。さて，彼女は過去に本当に失敗したことが無いのでしょうか。また，彼女は少なくともドラマで行った手術において常に成功させているのでしょうか。

　実はこの答えは，本ドラマを制作したテレビ朝日の内山聖子・エグゼクティブプロデューサーが自分の著書にて解説しています。彼女はテレビ朝日入社後，ずっと失敗の連続で，初めて任されたドラマも大失敗し，さらに降格さえ経験。順風満帆な仕事人生ではなかったそうです。でも彼女は失敗の中で一つの価値あるエクスペリエンスを得ました。それは「失敗を認識すること」。多くの人はついつい「失敗しなかったことにしよう」と考えて忘れようとします。しかし，失敗だと認めることこそ，リカバリーの第一歩。例えば現場でミスをした時，そのミスが後から露呈したらリカバリーが非常に遅れて，役者やスタッフに余計な迷惑を掛けてしまいます。だからこそ，失敗というファーストステップに早く気付いて，早くリカバリーするということが，失敗の克服には最も大事なのです。降格してもドラマ制作に復帰できたのは「も

う一度やらせてもらった」から。失敗してもリカバリーしたいと思わない人は引き上げられることは100％ありませんが，再度チャレンジしたい人なら上から見ても分かるからです。彼女はとにかく懲りずに企画書を出し続けて「やってみるか？」みたいな話にたまたまなった。それが『ドクターＸ』だったのです。なお，決め台詞のアイデアは，ロンドン五輪柔道女子57キロ級で金メダルを取られた松本薫さんの勝利インタビューで語った「私，ミスしないので。自信があるので。」の言葉からです。もちろん，現実社会であれば医師は「失敗しない」とは絶対に言いません。失敗する可能性は必ずあるからです。しかし，架空の世界であっても，なぜ大門未知子は「私，失敗しないので」と言い切れるのか。それは松本薫さん同様，過去に数多くの失敗を積み重ねた結果，その失敗のリカバリーの方法を数えきれないほど身に付けたから言い切れる，彼女はそれを言うだけの練習と勉強と修練をし続けていたからに過ぎないのです。彼女はこの練習・勉強・修練が，まるで趣味のように大好きであり，楽しんでできることも見逃せないポイントなのです。

　なお，大門未知子は最終回で「失敗しない理由」を語っています。「外科医の手術力は最初のトレーニングで決まる。どれほどの熱意を持って手術を学ぶか，どれほど上手い外科医の手術を見るか，川の水が流れるように基本手技を反復し，美しい最終術野をつくる。それが理想の手術。そして一番大事な事は，どんなに厳しいオペでも，決して患者を見捨てない事。」彼女はオペに当たる時，あらゆる可能性を想定し，起こった出来事毎の解決プランを，「ノート一冊分」準備していたのです。つまり，途中で失敗しても，それを早期に認め，すぐに最も成功率が高い手術方法を選んできただけなのです。そしてその技術は，才能ではなく，凄まじい練習・勉強・修練によって獲得が可能であり，その結果，失敗する可能性を限りなくゼロに近づけていただけなのでした。

　最後にまとめます。エクスペリエンスは成長の原点であり，それは成功よりも失敗体験の方が価値は高い。そして失敗する可能性を下げたいなら，一つのやり方に固執せず絶えず経験を繰り返し，得た学びでアップデートする。

そして，失敗しないと言い切れるほどの自信を，凄まじい練習・勉強・修練で獲得する。最後にその努力自体を楽しむ。

　このロジックを体現できれば最強だと思います。それが学生時代に見いだせれば，残りの人生は極めて楽しくなるでしょう。是非，絶えず自分に問い続けてください。

（高中　公男）

第3節　L：リーダーシップ

人見知りなのに，さらにリモートワーク。どうやって協働する？

　日本経済団体連合会が公表した「2018年度新卒採用に関するアンケート調査」によると，「選考にあたって特に重視した点」はコミュニケーション能力が82％と第1位で,15年連続です。さて，なぜコミュニケーション能力が1位なのでしょう。また，なぜ第4次産業革命中の今でもずっとトップなのでしょう。それは，ビジネスの現場で課題を解決する時の第一歩として必須の能力であり，AIやロボットには絶対に代替できない能力だからです。

　ハーバード・ケネディ・スクールでリーダーシップを指導しているロナルド・ハイフェッツは，ビジネスの現場で起こる問題には二種類，技術的問題と適応課題があると指摘しています。前者は既存の知識・方法で解決できる問題で，後者は人と人との関係性の中で生じる問題です。今やインターネットで簡単に情報収集ができる時代，技術的問題は時間とコストさえあれば，比較的簡単に解決できますが，適応課題はそうはいきません。なぜならば，適応課題は，上司や同僚，他部署，取引先など，様々な人々が絡み，いくら自分一人で努力しても解決できない問題だからです。読者のみなさんが頭を抱えている問題のほとんどがこの適応課題ではないでしょうか。では，この適応課題を解決するにはどうすればいいでしょうか。劇作家の平田オリザは著書の中で，「人びとはバラバラなままで生きていく。価値観は多様化する。ライフスタイルは様々になる。それは悪いことではないだろう。日本人はこれからどんどんと，バラバラになっていく。この新しい時代には，バラバラな人間が，価値観はバラバラなままで，どうにかしてうまくやっていく能力が求められている。人間はわかりあえない。でもわかりあえない人間同士が，

どうにかして共有できる部分を見つけて，それを広げていくことならできるかもしれない。」と述べています。つまり適応課題の解決策は「対話」なのです。これを踏まえて埼玉大学の宇田川元一は，「対話」によって適応課題を解決する，言い換えればこの溝に橋を架けるための４つのプロセスを，**図表３－３－１**のようにまとめています。なお図表３－３－１の「ナラティヴ」とは「自分自身によって語られる物語」のこと。単なる経験談では無く，その人ならではの時間的経過や意味付けを伴う枠組みを指します。

１．準備「溝に気付く」：
　　相手と自分のナラティヴに溝（適応課題）があることに気付く
２．観察「溝の向こうを眺める」：
　　相手の言動や状況を見聞きし，溝の位置や相手のナラティヴを探る
３．解釈「溝を渡り橋を設計する」：
　　溝を飛び越えて，橋が架けられそうな場所や架け方を探る
４．介入「溝に橋を架ける」：実際に行動することで，橋（新しい関係性）を築く

図表３-３-１　溝に橋を架けるための４つのプロセス（宇田川元一）

　この４つのステップのうち１〜３で必要なスキルが「傾聴」と「アサーション」です。

　傾聴とは，臨床心理学者のカール・ロジャーズの言葉を借りれば，「自分が聴きたいことではなく，相手の話したいことを，関心を持って，一切評価せず，最後まで聴くこと」です。例えば，友人の悩みを聴くときに，隙あらばアドバイスしようとしていませんか？　それは「傾聴」ではありません。そもそも友人は話を聴いてもらいたいだけかもしれません。また，もしアドバイスを求めていたとして，「溝に橋を架けるための４つのプロセス」で言えば，「準備」「観察」「解釈」をいきなり飛び越えて「介入」することと同じ。それではいいアドバイスはできませんし，いいアドバイスであってもそれは「たまたま」に過ぎず，信頼関係無しにそのアドバイスを相手が受け入れることはありません。丁寧に傾聴から始めて，４つのステップを慌てずこなすことで，信頼関係を築き，的確なアドバイスができるのです。

　傾聴スキルは4つあります（**図表3-3-2**）。傾聴ができたかどうかは，話し手は「自分のペースで話をすることができたか？」「終わった時，もっと話を続けたいと思ったか？」「聴き手に受け止めてもらっている気持ちでいたか？」を訊いてみてください。もし，話の途中に話し手が「そうそう！」と言えば，傾聴ができている証です。参考にしてください。

1．認めるスキル：
　徹底的に評価せず聴く。一切否定せず，相手に肯定的な関心を持って聴く。テクニックとしては，明確化（相手の言葉を復唱）して確かめる。感情反映（相手が抱える課題に対する，相手の感情を表現する），言い換え（相手の話を言い換えて確認する），要約（相手が話した話を要約して確認する）
2．聴くスキル（非言語）：
　話し手が「この人，私の話を聴いてくれている」と感じるような姿勢を取る。相手の顔を見る，相手におへそを向ける，笑顔，相手が心地よい位置に座る，あいづちを打つなど
3．質問するスキル：
　相手の状況を観て，相手が答えやすい質問に切り替えること。特に「相手のニーズを探る，追加の情報を得る」ときにはオープン・クエスチョン（例：どんな気持ちでしたか？）を，「意思を確認する・答えにくそうにしているとき」にはクローズド・クエスチョン（あなたはそれが好きですか？嫌いですか？）が有効
4．フィードバックするスキル：
　最初に「私は」を付けることで一般論ではなく私個人の感想や意見であることを表明して，アサーティブな表現を用いて伝える

図表3-3-2　4つの傾聴スキル

　さて，傾聴だけではなく，自分が解釈したことが正しいか相手に確認し，相手が望んでいる時にはアドバイスや評価を伝えなければなりません。しかし，その表現方法を間違えば，相手を不快にさせてしまって，信頼関係は築けず，適応課題は解決しません。そこで必要な能力がアサーションです。アサーションを日本に普及させた第一人者である平木典子は，アサーションを「自分も相手も大切にする自己表現」と定義しています。なお，自己表現には3つのタイプがあります。あなたはどのタイプでしょうか（**図表3-3-3**）。

1. 受動的（Passive）
   自分を抑えて相手を立てる。文字通り「黙る」「譲る」「言いなりになる」「とりあえず波風を立てない」「自分を軽視する」自己表現である。言い換えれば「自分を他人に知らせていない」状態。これを継続すると欲求不満となり，ひいてはうつになってしまいます。
2. 攻撃的（Aggressive）
   文字通り，「言いたいことを言う」「自分を通す」「相手を尊重しない」「相手を操作する」自己表現。言い換えれば「相手のキモチを考えない」状態。なお，言いたいことを直接言わず間接的に言うことで，責任を持たずに，自分の望む結果を手に入れようとする自己表現のことを「作為的（Passive Aggressive）」と呼び，「相手のキモチを考えているフリして，実は全く考えていない」状態。これらを継続すると周囲から人がいなくなり，孤立します。
3. アサーティブ（Assertive）
   「自分の気持ち・意見を言いつつ，相手の言い分にも耳を傾ける」自己表現。次の3つの作業ができているはずです。これを継続すると，欲求不満にならず，周囲に人が集まってくるでしょう。
   ①相手を尊重して言葉を選ぶ，②伝えてみることに躊躇が無い，③相手の反応に応える用意がある

図表3-3-3　3つの自己表現（平木典子）

　例えば，いつもデートの時に遅刻する恋人が，今日も遅れて来たとしましょう。あなたらどうしますか？　なお，黙り込めば「受動的」，感情的に注意すれば「攻撃的」となり気まずい雰囲気になるでしょう。さて，どうやって気持ちを表現すれば，恋人は素直に反省して，次のデートから時間厳守してくれるでしょうか。そんな時に使うのが，「DESC法」です（**図表3-3-4**）。ポイントは，1と2を切り分けること，2の言葉を丁寧に選ぶこと，3の提案を複数用意することです。まず，家族や友人に使って慣れていってください。

1．Describe（描写する）：自分が対応しようとする状況や相手の行動を描写する。客観的に，具体的に，特定の事柄を描写する。例：待ち合わせの時間に遅れてしまったのですね。
2．Express（表現する）：状況や行動に対する自分の感情や気持ちを，冷静に，建設的に，明確に述べる。例：あなたと一緒に過ごす時間が短くなって，寂しい気持ちでいっぱいです。
3．Suggestion（特定の提案をする）：相手に取って欲しい行動，妥協案，解決策などを提案する。具体的で，現実的な，小さな行動変容を明確に提案する。例：次回からモーニングコールしても良いですか？
4．Choose（選択する）：肯定的，否定的結果の予測を選択する。積極的選択肢を示す。例：（3を否定された時）ダメなのですね，残念です。では，目覚まし時計をプレゼントしても良いですか？

図表3-3-4　DESC法（平木典子）

　ここまで対話について説明してきましたが，もっと人数が多く，多様な人々とチームで課題を乗り越えるためにはどんな力が必要でしょうか。日本経済団体連合会「高等教育に関するアンケート」によると，「大学等の教育改革のうち，優先的に推進すべきと思うもの」は，1位が「イノベーションを起こすことができるリーダー人材育成への取り組み」でした。今やコミュニケーション能力は当然で，さらにイノベーションを起こすリーダー，具体的には第1章でも触れましたが，AIやロボットと協働，すなわちDXを推進しながら，様々な年齢や性別，国籍，民族の社員と絶えず対話をして，アイデアをいくつも創り出し，目標に向かって試行錯誤を続けていく状態を作ることができる人が欲しい。このような「目指すべき方向を示し，その方向にメンバー全員が能動的に向い，実現し始める」状態を生み出す力を「リーダーシップ」と呼びます。

　元帥海軍大将だった山本五十六の言葉に「やってみせ，言ってきかせて，させてみて，ほめてやらねば人は動かじ。話し合い，耳を傾け，承認し，任せてやらねば，人は育たず。やっている，姿を感謝で見守って，信頼せねば人は実らず。」という言葉があります。組織を動かすには，命令してもうまくいきません。早稲田大学の日向野幹也は「リーダーシップの最小3要素」を**図表3-3-5**としています。なお日向野は，リーダーシップは人が二人以上

いれば必要となるスキルであり，誰もが持つべきスキルとしています。つまり，リーダーだけではなく，メンバー全員に発揮されなくてはならないスキルなのです。

1．目標共有：自分たちが達成するべき成果目標は何かを考えて共有する
2．率先垂範：目標達成のために，まず自ら行動することで，メンバーによい影響を与える
3．同僚支援：自分だけでなく仲間にも動いてもらうように働きかけ，必要に応じてサポートする

図表３-３-５　リーダーシップの最小３要素（日向野幹也）

16年連続増収の株式会社武蔵野の小山昇社長は，できるリーダーの３つの条件として「自分が経験したこと（成功＆失敗）を教訓として伝える」「人よりも早く気付き，的確な指示を出す」「成果が出るまで，誰よりも粘り強く汗をかく」を挙げています。恥も含めて自分をさらけ出し，必死に情報収集をして，最後までしつこく諦めない姿を見せて初めて，周囲の人はついてくることが分かります。

以上，「傾聴」「アサーション」「リーダーシップ」について説明してきました。いずれも実践を繰り返さないと身に付きません。前の２つは日常生活で日々実践できるので，今日から始めてください。リーダーシップはまず二人で何か課題に挑戦することから始めて，少しずつ人数を増やしていくのが良いでしょう。とにかく可能な限り多くの課題に二人以上で挑戦して，失敗を重ねてください。たくさん失敗した人の方が格好いいし，アイデアも数打てば当たるし，諦めない姿勢に人は動かされるのですから。なお，リモートワークにおいてはより強めに発揮しないと相手には伝わらないので，注意してください。

（見舘　好隆）

第4節　D：データ

現場からデータを引っ張り出すには，どうすればいい？

　山口県岩国市の山間に，旭酒造という欧米でも高い評価を受ける純米大吟醸酒「獺祭」を作る酒造会社があります。この酒蔵には「杜氏」がいないことをご存知でしょうか。酒造りは従来，酒蔵とは独立した杜氏の指揮の下で行われていて，旭酒造にも杜氏はもちろんいました。しかし，同社は岩国市でも4番手で，酒屋でも三流扱い。日本全体で日本酒の消費量が縮小している中，このままで未来は無いという窮地に立っていました。そして1999年に杜氏が辞めたことを機に，杜氏なしで酒造りをするという当時は無謀にしか見えない挑戦をしました。酒造りの工程は，大まかに洗米，蒸米，麹造り，仕込み，上槽，瓶詰めに分かれます（**図表3-4-1**）。この中で機械化できる上槽と瓶詰め以外は，今でも手作り。しかし，今までブラックボックス化していた部分を数値化し，一般社員でも作れるようにしたのです。例えば仕込み，すなわち麹と蒸米，酒母を合わせて作る醪造りは，今までは職人芸の極みでした。最高50日の醗酵期間中，0.1℃の精度で醪を生み出すために，自然の発酵熱と櫂入れ作業の強弱のバランスを保つことは自動化できません。しかし，基準を数値化さえしていれば，自動化は無理でも一般社員で制御することが可能となるのです。そんな精緻な努力を積み重ね続け，同社は「獺祭」という銘酒を，暗くじめじめした木造の酒蔵ではなく12階建ての近代的なビルの中で，一般社員がパソコンとにらめっこしながら，一年中，高品質を保ちながら作り続けています。毎年同社に入社する，酒造りの経験が一切無い新卒社員が，「獺祭」の醪を毎日作っているのです。

「M：マインド
セット」で解説した
RPAは特に定型的な
パソコン操作をソフ
トウエアのロボット
により自動化するも
のでしたが，酒造り
といった職人技でさ

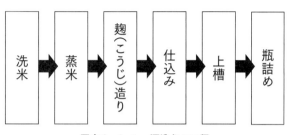

図表３−４−１　酒造りの工程

えも，RPAは可能なのです。そして，旭酒造のように「杜氏無しで高品質の
酒を造る」という課題を解決するために，パソコンで処理するために必要な
情報は何か？ということを見極める力が「D：データ」なのです。

　さて，課題を解決するにはどうすればいいでしょうか。マッキンゼーなど
でコンサルティングの経験を持つ大嶋祥誉は，著書の中で問題解決の基本プ
ロセスを**図表３−４−２**のように示しています。

　また，課題を解決する上で
近年，多くの企業が取り入れ
ている考え方がデザイン思考
です。デザイン思考とは何か。
IDEO CEOのティム・ブラウ
ンは「課題や問題に対して創
造的に思考するためのツール
であり，人間という基本的な

```
1．問題設定とイシューを決める
2．課題を整理して構造化する
3．現場の情報をリサーチする
4．解決策（打ち手）の仮説を立てる
5．仮説を検証する
6．解決策を決める
7．解決策を実行する
```

図表３−４−２　問題解決のプロセス（大嶋祥誉）

価値，つまり人のコンテクストや必要性，状況を理解するところからスター
トして，デザインの解決策を探求すること」としています。また，スタン
フォード大学でデザイン思考を学び，株式会社U-NEXTで活躍するジャス
パー・ウは「正しく問題を解決する考え方のこと。いかにお客さまに向き合
い，その考えや課題を理解，共感していくか。そこから得られた問題を定義
し，解決できるプロダクトをつくっていくかが重要」と指摘しています。な
お，デザイン思考のステップが**図表３−４−３**です。問題解決のプロセスとと

ても良く似ていますね。

1．共感（Empathize）：
　　ユーザーの行動を理解し，寄り添い，何が問題なのかを見つける
2．問題定義（Define）：
　　ユーザーのニーズや問題点，みずからが考えることをはっきりさせる
3．創造（Ideate）：仮説を立て，新しい解決方法となるアイデアを生み出す
4．試作（Prototype）：問題に取組み始める
5．テスト（Test）：検証こそが解決方法

図表3-4-3　デザイン思考のステップ

　課題解決でまず行うステップは，問題を見つけること。特に商品やサービスであれば，そのユーザーを理解し，寄り添い，何が問題なのかを見極めることです。一言で言えば，イシュー（issue）を把握することです。イシューとは「自分の置かれた局面で，答えを出す必要性が最も高い問題」のこと。これを間違うと，当然解決策もずれてしまいます。旭酒造の例で言えば，「杜氏無しで高品質の酒を造る」こと。例えば一般社員でも酒造りができるように，温度管理などを自動化した結果，出来たお酒の品質が低ければ，それは解決策にそもそもなっていないことになります。よって，イシューを把握するためには，その課題領域に対して直接的な経験を持つ人の気持ちに共感し，真実の声を聴くしかありません。「L：リーダーシップ」のスキルが必要ですね。

　次に，問題を明文化し，その問題の要因を整理して構造化します。これについては多くの社会人は，ロジカルシンキングやピラミッドストラクチャー（もしくはロジックツリー）を使って整理します。ここで必要となるスキルが「ロジカルシンキング」です。第4章第4節で

● 量的データ：過去から現在に至る状況，トレンドの把握
　主体となる企業，消費者の行動を集計した数値データ。
　様々な解析手法を用いた加工が可能。
　過去から現在に至るトレンド，傾向を捉える上で有効。
● 質的データ：将来に向けてのアイデア，ニーズの先取り
　主体となる企業，消費者の個別情報，生の声から作成。
　数量化分析などを用いなければ統計解析はできない。
　将来予測などに活用可能。

図表3-4-4　データの種類

詳しく解説していますので，読んでみてください。旭酒造の例で言えば，酒造りの工程を洗い出して，どの部分がブラックボックス化しているかをリストアップして，ピラミッドストラクチャーでまとめていきます。

　次に，その詳細の情報を現場にてヒアリングを行い，どこが人間の判断が必要で，どこが自動化できるかを徹底的にリサーチします。ここで「Ｄ：データ」のスキルがキモとなります。イシューを元に明文化した問題を解決するために，必要なデータをどうやって引っ張り出すかが問われます。そして，データには二種類あり（**図表３−４−４**），量的データはトレンドの把握，質的データは今後の方向性を見極める上で重要です。同時にデータの「信憑性」にも注意が必要です。発信者が公表している情報を一次情報，マスコミが一次情報を引用して報道している情報を二次情報と呼びます。二次情報は正確に一次情報を伝えているかは判断できません。一次情報が基本であることを忘れないでください。

　次に「きっとこうすればできる！」という仮説を立てます。ここで必要となるスキルが「クリエイティブシンキング」です。第４章第５節で詳しく解説していますので，読んでみてください。旭酒造の仕込みの例で言えば，0.1℃の精度で醪を生み出すために，自然の発酵熱と櫂入れ作業の強弱のバランスについて，仮説を立てていくことになります。

　そして，課題解決において最も大切な部分が，仮説の検証です。今までの授業やビジネスコンテストなどで，アイデアを披露する場面があったと思いますが，アイデアだけではビジネスは成立しません。当然，仮説を何度も試行することになります。最近は３Ｄプリンターも普及していますから，試作品（プロトタイプ）を創ることは容易です。また，ＡＩの機械学習機能を用いれば，一晩中テストしてくれるでしょう（人間にはできません）。旭酒造の例で言えば，同社のタンクは小ぶりのタンク300本を使って醸造しています。前述した通り，仕込みでの櫂入れ作業や温度管理は人間が行っている。小さなタンクであれば，それぞれ状況を数値化し管理すれば，何回混ぜて何度にすれば美味しくなるか，回数を繰り返すほど分かります。つまり，試行錯誤の回数をどれだけ早く，何回も繰り返せるかが重要になります。ここで必要となるスキルが「経験から学ぶ力」です。第４章第２節で詳しく解説していますので，読んでみてください。思考した結果を数値化して，仮説修正しなく

てはいけません。ここでも「D：データ」のスキルが必要になります。

　以上のプロセスを経て，ようやく解決策として全社を挙げて取り組むことになりますが，ユーザーの思考や社会環境は目まぐるしく変化します。よって，この解決策も常にブラッシュアップする，もしくはゼロリセットして考え直す必要があります。結局はずっと「D：データ」を取得し，作り上げたフローを改善し続ける仕組み作りが大切なのです。

　ユニクロやジー・ユーのブランドを展開するファーストリテイリングは，商品の企画から生産，販売までを1社で行うSPAと呼ばれる製造小売業です。同社はRFID（電波を用いてRFタグのデータを非接触で読み書きするシステム）の技術を用いて，川上から川下への「モノ」の流れと同時に，その都度適切な「データ」を取得し，適切な意志決定を行い，効率的に事業を運営しています。具体的には，世界中の膨大な情報をリアルタイムで集め，商品企画と販売量を決定し，素材備蓄や短期間に生産する体制を構築，物流においても自動倉庫を展開して必要な量のみ効率的に店舗へ配送し，店舗においてはリアルタイムに在庫をチェックし過剰在庫や品切れを防ぎ，ひいてはそのデータを新たな商品企画や販売量の決定に活かす，という流れです（**図表3-4-5**）。同社がバーゲンセールをやっていないのは，従来のアパレルのように過剰在庫が生まれないように随時生産量をコントロールし，店舗ごとに売れ残った少量の商品を値引きしてさばいているからなのです。ニトリやAmazonのように，自社で物流を展開しているSPAが増えているのは，データ・サプライチェーンを構築するためなのです。やはりアクセンチュアの保科氏が指摘するように「データ・サプライチェーン・オフィサー」という仕事が今後各社で生

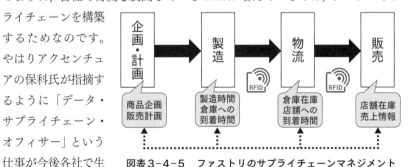

図表3-4-5　ファストリのサプライチェーンマネジメント

まれることは間違いないでしょう。そして同時に，RPA の急速な普及に伴って，販売予想や原材料の調達，物流手配，店舗での仕入れや棚卸，店舗での商品配置など，情報を抽出し，ビッグデータを分析することによって自動化され，これらの仕事は無くなるでしょう。

　最後に，将来の「データ・サプライチェーン・オフィサー」になる可能性を意図して，大学時代をどう過ごせばいいでしょうか。ポイントは3つです。一つ目は，統計学の基礎を学んでおくことです。経営情報や教育学，社会学などの先生がきっと一般教養で開講していると思いますので履修してください。YouTube などで自習してもよいでしょう。二つ目は，アルバイト先の店舗で，接客する，調理する，レジを叩くといった業務に留まらず，サプライチェーンについて深く学んでください。その会社の商品開発はどんな情報を元に行っているのか，店長がどうやって仕入れ量を決めて発注しているのか，売れ残りを最小限にとどめるためにどんな工夫をしているのかなどです。アルバイトではなく社員が行っている重要な仕事を注視しなければ，重要な情報に気付く力は身に付きません。三つ目は，デザイン思考を常に意識して行動することです。現場の視点に立って共感し，イシューを把握し，仮説を立ててすぐに試行し，振り返り，修正する。日常の中でも活用できるシーンはたくさんあるはずです。アルバイト先で是非，やってみてください。

（見舘　好隆）

第5節　S：スキル

　第1章で定義された，急速な時代の変化を逆風ではなく追い風としたリーディングカンパニーが持つ重要な5つの原則と，AIやロボットと協働することを軸とした8つのスキルを再掲します（**図表3-5-1・3-5-2**）。

マインドセット（M）	AIやロボットに代替可能な仕事を再検討することで，ビジネスに対して従来とは根本的に異なるアプローチを考える
エクスペリエンス（E）	もはやベストプラクティスをコピーすることでは成功できない。実験の大部分は失敗に終わるが，それは問題ではない。むしろミスや失敗を奨励しなければならない
リーダーシップ（L）	最初の段階からAIの責任ある使用にコミットする。そのためには，AIが意図せぬ結果や影響をもたらさないように制御することが必要
データ（D）	インテリジェント・システムを動かすための「データ・サプライチェーン」を構築する。データの鮮度を意識し，顧客満足度の低下しない速度で提供する
スキル（S）	AIやロボットと協働する「人間とマシンが融合するスキル」を積極的に開発する

図表3-5-1　リーディングカンパニーが持つ重要な5つの原則（MELDS）

1	人間性回復	「人間」ならではの基本的な「共感」「社会課題の発見」「社会適合性の判断」など
2	責任ある定着化	AI導入に反対する人々と対話しつつ，改善点を見つけ，社会適合性を判断する
3	判断統合	「その時点での」AIの限界を理解した上で，総合的な判断をする
4	合理的質問	人間はもちろん，AIエージェントに適切な問いかけをする
5	ボットによる強化	社内定型業務や顧客対応などをボットを活用して大幅に減らす
6	総合的融合	衰える肉体の補助や視覚の代替など，機械やAIを総合的に使いこなす
7	相互学習	AIが人によって成長し，人がAIによって成長する，相互学習関係を維持する
8	継続的改善	単なる自動化ではなく，新しいモデルを創り上げるマインドセットと実行力

図表3-5-2　AIやロボットと協働するために必要な8つのスキル

　社会人のみなさんはこれらを「働きながら」身に付けることを視座にして
ほしいと思います。しかしながら，まだ社会で実務を経験していない学生の
みなさんにとっては，イメージがつきにくく，これらをどうやって身に付け
ればいいのか想像もつかないと思います。もちろん，AIやロボットと協働す
ることをすでに導入している先進企業で，インターンシップもしくは長期の
アルバイトをするのが近道です。実際，アメリカのシリコン・バレー（サン
フランシスコの南。Apple, Google, Facebook, Yahoo! など）やシリコン・
アレー（ニューヨーク。スタートアップ企業が多い），リサーチ・トライアン
グル（ノースカロライナ州。IBMやシスコシステムズなど）の近くに住んで
いる学生は，まさに社会人と同じように働きながら学ぶことができます。し
かし，日本においては東京などを除き，シリコン・バレー周辺の学生のよう
なことはできません。よって，保科氏が定義してくれた，AIやロボットと協
働するために必要な8つのスキルを，日本の学生向けに，以下のようにカス
タマイズしました（**図表3-5-3・3-5-4**）。

マインドセット（M）	新時代に際し，自らの成長を信じて出来事をチャンスととらえて前に進み，失敗を恐れず最後まで諦めずやり抜く
エクスペリエンス（E）	新時代に際し，計画的に偶発性を起こし視野を広げ行動し，振り返り，経験を言語化し，仮説を立て，さらに新しい行動へと繋げる
リーダーシップ（L）	新時代に際し，セルフマネジメントを行いながら，多様な人々と，多様なツールを駆使してコミュニケーションを行い，リーダーシップを発揮する
データ（D）	新時代に際し，社会問題のイシューを把握し，説得力のある仮説を立てるために，IT技術や人脈を駆使して，現場の一次情報を集める
スキル（S）	新時代に際し，セルフマネジメントを行いつつ，起こりうる様々な課題を解決する，あるいは新しいアイデアを生み出し，成果を見える化する

図表3-5-3　学生時代に身に付ける5つの原則（MELDS）

			学生時代に身に付ける8つのスキル							
			1	2	3	4	5	6	7	8
			セルフマネジメント	経験から学ぶ力	問いを立てる力	ロジカルシンキング	クリエイティブシンキング	異文化理解力	自らを発信する力	グリット（やり抜く力）
AIと協働する8つのスキル	1	人間性回復	○	○	○	○	○	○	○	○
	2	責任ある定着化		○	○	○				○
	3	判断統合		○	○	○				
	4	合理的質問		○	○	○				
	5	ボットによる強化		○	○	○	○			
	6	総合的融合		○	○	○		○		
	7	相互学習		○	○	○			○	
	8	継続的改善		○	○	○				○

**図表3-5-4　将来にAIやロボットと協働するために
あらかじめ学生時代に身に付けておく8つのスキルと，その対応表**

　図表3-5-3はMELDSを学生向けに言い換えただけですが，8つのスキルについては「将来にAIやロボットと協働するためにあらかじめ学生時代に身に付けておく」視点で再構成しました。**図表3-5-4**を見ていただければ理解できると思いますが，AIと協働する8つのスキルのほとんどが，「経験から学ぶ力」「問いを立てる力」「ロジカルシンキング」に対応しており，逆に学生時代に身に付ける8つのスキルは，すべて「人間性回復」に対応しています。つまり，AIやロボットにはできない，人間だからこそできるスキルを学生時代に大いに伸ばすことをメインにしています。なぜならば「人間性回復」は，仕事に忙殺されない学生時代にこそ育むのが最も適していると考えているからです。

　「セルフマネジメント」は，今後AIやロボットに置換される仕事の多くがルーチンワークや単純労働といった，言わば「指示待ちの仕事」である以上，他者からの指示を待たず，自分をマネジメントする能力を学生時代に身に付けておくことが必須であり，リモートワークの普及によってその重要度が増

しています。「クリエイティブシンキング」は全く新しいビジネスを立ち上げるために必須の能力です。もう既存のビジネスを継続してもサバイブは難しい時代，この人間だけが持つ創造性を学生時代に高めておきましょう。「異文化理解力」はグローバル化の昨今，多様な人々との協働が避けられない以上，あらかじめ地域に出て様々な年代の人々と交流する，海外に出て現地の人々と交流することで身に付けておくことが重要となります。「自らを発信する力」は特に外国人と協働する時，そしてリモートワークを行う上で特に必須となる能力です。はっきりと自分の意見や主張を伝える力が無ければ，上司や同僚や部下は，あなたのことを正しく評価してくれません。よって，様々なツールを使って，自らを発信する力を鍛える必要があるのです。

　もちろん，「経験から学ぶ力」がすべての力を成長させるエンジンであり，社会に出てからもフル回転しなくてはなりません。そして「問いを立てる力」によって，課題解決に必要なイシューやデータを抽出できるようにしておくことも大事です。「ロジカルシンキング」はAIやロボットが動くロジックでもあり，自分の意見を他者に説明する上でも必須の能力です。そして最後の「グリット（やり抜く力）」は「マインドセット」とリンクしますが，最後までやり抜いて初めて，たくさんの引き出しができて，「クリエイティブシンキング」の源泉になり，将来のあなたのキャリアを発展させるでしょう。

　そこで次章から，学生時代に身に付けるべき8つのスキルについて解説します。一言で言えば，新時代に際し，セルフマネジメントを行いつつ，起こりうる様々な課題を解決する，あるいは新しいアイデアを生み出し，成果を「見える化」するスキルです。この8つのスキルに通底するキャリアの理論が「キャリア・アダプタビリティ」と「計画された偶発性」です。

　「キャリア・アダプタビリティ」は，アメリカのキャリア・カウンセリングの第一人者マーク・サビカスが提示した概念です。近年の絶えず変化する環境の中で，従来の「自分に合う仕事を選ぶ」や「大企業に入社して定年まで勤める」など安定性を重視したモデルではキャリアは描けないと指摘し，自らも変化し適応を繰り返すダイナミックなプロセスを通じて，その都度自らの可能性を拡大させながら，アイデンティティを発達させて実現を模索する

重要性を提示しています。確かに高度成長期の日本であれば安定性を重視したモデルで問題ありませんでした。しかし，バブル崩壊以降，現代社会の日本は大きく変わり，日本を代表する企業のいくつかは衰えてしまい,1980年代には世界の企業の時価総額ランキング上位はほとんど日本企業でしたが，今やトヨタのみが48位（2020年8月末時点）で，ほかは影も形もありません。そのトヨタであっても，電気自動車が普及すれば，デジタルカメラが普及した時に舵を切らずに消滅したインスタントカメラのポラロイド社のようになるかもしれません。もう，みなさんのご両親が生きた時代のような安定性を重視したモデルは通用しないのです。目の前の大きな時代の変化に揉まれながら，絶えず自らの成長を意図して,「経験から学ぶ力」を使ってくるくると回し，柔軟に成長するモデルこそが今必要とされているのです。

　「計画された偶発性」は，アメリカの教育心理学者であるジョン・D・クランボルツが提示した概念です。クランボルツは，社会的に成功を収めた社会人数百名にインタビュー調査をした結果，約8割の人が「自分の現在のキャリアは予期せぬ偶然によるもの」だったことを踏まえ，それなら，予期せぬ出来事を避けるのではなく，偶然を積極的に作り出し，起きたことを最大限に活用して自らのキャリアに繋げていく姿勢が重要だと提言しました。そしてその姿勢は，以下の5つの行動特性を持っている人に起こりやすいと指摘しました（**図表3-5-5**）。「好奇心」は「異文化理解力」や「クリエイティブシンキング」の源泉です。新しい経験が無ければ，異文化に対処する力もアイデアの種も手に入りません。「持続性」は「グリット（やり抜く力）」と同じです。あきらめずやり抜いた経験こそが，あなたの強み（アイデンティティ資本と言います）になるのですから。「柔軟性」と「楽観性」は「マインドセット」と通底します。課題にぶつかった時，まず先入観を排して，フレキ

1．好奇心（Curiosity）：新しい学習機会の模索
2．持続性（Persistence）：めげない努力
3．柔軟性（Flexibility）：信念，概念，態度，行動を変える
4．楽観性（Optimism）：新しい機会を「実現可能」ととらえる
5．冒険心（Risk Taking）：結果が不確実でも行動に移す

図表3-5-5　「計画された偶発性」理論の5つの行動特性

シブルに工夫を凝らして，きっと解決できると信じて取り組まなければ，何も前に進みません。そして「冒険心」。クランボルツは「宝くじを当てる方法はただ一つ。宝くじを買うことだ」と指摘しています。ある程度のお金や時間を投資しなければ，チャンスをものにはできません。失敗を恐れず，何度も挑戦する姿勢が大事なのです。

　思い出してください。みなさんは，何かに挑戦した結果，その経験を通して学んだことや気付いたことで将来のキャリアのヒントが見えたことはありませんか。また，旅で出会った幸運の多くは，あらかじめ立てた予定の上ではなく，たまたま立ち寄った場所や出会った人との間に生まれていないでしょうか。未来はいくら予想しても分かりません。過去も未完成の自分の経験に過ぎません。だからこそ，今を一生懸命に取り組むことが大事なのです。その先に偶然出会う，まだ観たことが無い景色の先に，あなたのキャリアが拡がっているのですから。

（見舘　好隆）

第4章

新時代に必要な8つのスキル

第1節　セルフマネジメント

仕事のオンとオフが曖昧で気が狂いそう！

　首相官邸ホームページに掲載されている「働き方改革を推進するための関係法律の整備に関する法律」の成立についての総理会見（2018年6月29日）により，長時間労働の是正や非正規雇用の一掃が進められることになりました。このことは，子育てや介護をしながらでも働くことができるように，多様な働き方を可能にする法制度が整備されたことを示しています。フレックスタイム制やリモートワークの導入も広がっていることに加え，2020年4月からは，中小企業にも罰則付きの「働き方改革関連法案」が適用されることになりました。タイムカード等による勤怠管理の視点からは全国的に残業が減っていくことになるでしょう。ところがその一方で，会社で終わらなかった仕事を家に持ち帰ったり，リモートワークが標準化されたりすることで自宅がオフィス化してオンとオフの境界が分からなくなる人も増えていると聞きます。

　私の教え子でパーソナルトレーナーとして自分のフィットネスジムを経営している方（Aさん）がいます。Aさんは，コロナによる緊急事態宣言に伴う営業自粛要請の影響を受けて一時期非常に厳しい状況に置かれました。閉鎖空間において一定時間密にならざるを得ない業種（パーソナルトレーニングを行う）ですから，行政判断を振り切って営業を強行する訳にもいかず，仮に行ったとしてもクライアントが敬遠する状態に陥りました。パーソナルトレーナーとして学んできたことは直接対面して手取り足取りで行う運動指導ですから，大変困ったそうです。やむなく慣れないパソコンを使ったリモー

トワークを開始したものの，新規の顧客開拓，既存客のフォローをお客様の都合に合わせた Zoom や LINE を使った対応に追われて，オンとオフが不明瞭となっていました。心身ともに疲れて体調不良を自覚するようになったと言います。そこでアドバイスしたのが「セルフマネジメント」です。A さんは，仕事を含めた自分に関わるすべてを見直し，営業再開した半年後には既存客が戻ってきたことに加えて，SNS の投稿からの新規入会者が増え，「仕事もプライベートも順調です」と言えるまでになりました。

　セルフマネジメントには，広い意味では体調などの肉体的な管理や感情との向き合い方などの精神的な管理，更には物事の捉え方といった認知機能の管理までが含まれます。これは目標の達成やさらなる成長を可能とするためには当然のことだと言えるでしょう。

　「マネジメントの父」と呼ばれるピーター・F・ドラッカーは論文にて「知識経済における成功は，自分自身の強みや価値観，それに最高のパフォーマンスを発揮する方法といった，自分自身を知っているものに訪れる」と述べています。一方で，アメリカの講演家・コンサルタントであるジム・ローンは，成功を求める人に対して「人は自分が向かう方向に進み，自分が考える方向に向かうもの」と語っています。

　では，コロナによって変化を強要された今，どのように行動すれば良いのでしょうか。片桐あいは著書『これからのテレワーク　新しい時代の働き方の教科書』の中で，テレワークのメリットとデメリットを整理し，自分たちの組織・チームの中でどのように行動すれば良いかを説明しています。また，イギリスの組織論学者であるリンダ・グラットンは著書『ワーク・シフト－孤独と貧困から自由になる働き方の未来図－』の中で，高い専門性を複数分野で持ち，環境へ適応するために多様性を持つこと，さらに経験を大切にすることを説いています。さらに，アメリカの作家・経営コンサルタントのスティーブン・R・コヴィーは著書『完訳　7つの習慣　人格主義の回復』の中で，自己責任で主体的に仕事をすること，終わりを思い描いてプライオリティーを決めて仕事をすること，Win-Win の関係を構築するために理解に徹し・理解されること，そしてシナジーを創り出すこと，刃を研ぐこと（自己

研鑽）が大事であると教えています。いずれも役に立つことばかりですが，はっきりしているのはセルフマネジメントができる人は，環境が変わろうと，いつでも，どこにいても，「適応して仕事ができている」ことではないかと考えます。

　では，前述したＡさんへのアドバイスや，先人達の示唆を踏まえた上で，一つのセルフマネジメントのモデルを提案します（**図表4-1-1**）。

```
1．自分のありたい姿の明確化：俳優の役作りに相当。ゴールまで設定する。
2．自分やチームの状態管理チェックシート作成：
　①心理面：気力は充実しているか，感情は安定しているか，やる気にブレは無いか，
　　など
　②体力面：睡眠は足りているか，生活リズムは安定しているか，食欲はあるか，など
　③認知面：やるべきことは明確か，その内容を十分に理解しているか，技術的に不足
　　は無いか，など
3．オンとオフの明確化：仕事のオンとオフの切り替えを強制的に行うルーティンを決
　める。
4．ガントチャートの作成：各タスクがスケジュール通りに進んでいるかを確かめる日
　程表を設定する。
5．作業終了時間の徹底：作業終了時間を決めておき，時間が来たら強制終了する。
```

図表4-1-1　セルフマネジメントの手順

　これらの目標は，高いメンタリティを維持し，目標管理や時間管理を行うことです。

　「1．自分のありたい姿の明確化」は，リモートワークでは周囲に上司もいなく，サボってしまう誘惑が絶えず付きまといます。しかし，逆にリモートワークであっても期限内に成果を収めることこそが，あなたの成果。だからこそまるで俳優のように，その成果を目指す自分になり切ってください。

　「2．自分やチームの状態管理チェックシート作成」は，リモートワークでついつい揺らいでしまう，心理面・体力面・認知面をしっかり維持するための，自らに課したルールです。もちろん，自分だけではなく，協働しているメンバーに対しても同じルールを理解してもらう必要があります。

　「3．オンとオフの明確化」は，リモートワークでついつい曖昧になってしまう，オンとオフの境界をはっきりさせるためのルーティンです。例えば「仕事を始める前にはチェックリストを確認する」「休憩を取る時はタイマー設定で好きな音楽をかけ，必ず背伸びをする」「仕事の終わりには机の上を何もない状態に片付ける」など，オンとオフの境を明確にすることで，オンへの集中と，オフへのリラックスを最大化することを目指します。

　「4．ガントチャートの作成」のガントチャートとは，プロジェクトマネジメント（工程管理）に用いられる表の一種で，縦にタスク（作業を分割したもの）を書き，横にタスクごとに作業期間を表す棒グラフのようなものを書き込んで，全体の作業工程を可視化した表です（**図表4-1-2**）。これがあるともし作業が遅れても修正することができます。

　「5．作業終了時間の徹底」は，大学ならチャイムが鳴り，社会に出れば勤務時間が決められていますが，リモートワークですと，ついつい「残業」してしまう可能性があります。それを無くすために，時間が来たら強制終了してください。もし仕事が残ったら，次の日の朝早く起きてやり残しを片付けるのが良いでしょう。

タスク	4月 19 月	20 火	21 水	22 木	23 金	24 土	25 日	26 月	27 火	28 水	29 木	30 金	5月 1 土	2 日	3 月	4 火	5 水	6 木	7 金	8 土	9 日
先輩のパワポを集める	■																				
全体構成を決める			■	■																	
パワポ作成					■	■															
教員チェック								■	■												
パワポ修正・完成										■											
プレゼン練習														■	■	■	■				
ポスター印刷																			■		
移動																				■	
学会発表																					■

図表4-1-2　ガントチャート（例：学会でポスター発表をする）

　もちろん，企業団体によってリモートワークの導入率には違いがあります。しかし，働き方改革やDXを視座に，オフィス賃料の削減やペーパーレス化，

脱ハンコ化，そしてサテライトオフィスやブリージャー（出張に観光やレジャーの日程を追加した新しい出張スタイル），ワーケーション（サテライトオフィスを離島や山岳地域に置き，働きながら休暇も楽しむこと）など，将来，リモートワークで働く可能性が高いことは否めません。そしてそもそもリモートワークか否かに関わらず，セルフマネジメントを高めることの重要性について異論はないでしょう。

　では，ここまでは，リモートワークのデメリットを最小限に抑えることを中心に述べてきましたが，今度はメリットを中心に見ていきましょう。なぜならば，これからリモートワーク化していく社会において，リモートワークのメリットを最大化することこそが，みなさんの将来を豊かにする可能性を秘めているのですから。

1．通勤時間がゼロになること

　都心にオフィスがある場合，家賃を押さえるために通常，郊外に住むことが強いられます。結果，朝早く起き，満員電車に揺られて心身を削り，さらに残業した時に終電に乗るために走る……以上のストレスからの解放はとても大きいでしょう。

2．休憩時間の使い方に工夫次第で大きな幅を出せること

　仕事の合間にランチを取る場合，その周辺に急いでいくしかなく，十分に休憩ができません。しかしリモートワークであれば，自炊はもちろん，Wi-Fiや電源がある場所ならどこでも働けますので，気の利いたレストランでランチをすることができます。

3．仕事の効率を上げることが可能であること

　オフィスにいると，上司からの呼び出しや部下からの相談，電話を取るなど，仕事を中断するイベントがどうしても起きます。リモートワークであれば，連絡の多くはメールやビジネスチャットで行いますので，仕事を中断することはほとんどありません。

4．育児や介護などの事情に対処できること

　特に女性の場合，これらの理由で休職を余儀なくされ，最悪退職を迫られることがありました。しかし，リモートワークであればこれらの両

立がしやすくなります。

５．パラレルワークに備えることができること

　終身雇用制の終焉が現実になりつつある昨今，今まで厳禁だった副業をOKとする企業団体が増えてきました。しかし，オフィスで働きながら副業をするのは困難。しかしリモートワークであれば，web会議ツールなどを使って簡単に副業をすることができます。リンダ・グラットンが指摘する寿命100歳時代に備えて定年後も収入を得るために，複数の仕事をこなすパラレルワークを早めに体験しておくことが重要なのです。

　以上のように，リモートワークにはたくさんのメリットがあります。だからこそ，リモートワークの最大の敵，「サボろうとする自分」と戦う，セルフマネジメントの獲得を学生時代にしておくことは必須と言えるでしょう。学生の多くは，新型コロナウイルス感染拡大のためにオンライン学習を強いられ，夢見ていたキャンパスライフを過ごせなかったと感じた人も多いと思います。しかし，見方を変えれば，リモートワークで必要となるセルフマネジメントを鍛える機会になったのです。

　今は，先行きが不明瞭で予測が全く立たない時代です。だからこそ，私たちはどのような環境下に置かれても，自立して生きていく力を身に付けるしかないのです。常に自分の力を最大限に発揮できるように，今からセルフマネジメント力を習得しておきましょう。

（森部　昌広）

第2節　経験から学ぶ力

> # 学生時代にどんな経験をすればいいのか，分からない！

　この問いのヒントとして，プロサッカー選手の本田圭佑が2017年6月16日に語った言葉を紹介します。「この地球に生まれてきた意味って言うのは生物学的に言えば特段意味は無くて，ただ，すごくラッキーなことに僕は人間でその意味を付け加えることが出来る。より幸せなことに，どんな失敗をも幸せな後付けが，理由付けが出来るんだって事が唯一後悔しない方法だと，人生をより豊かにする方法だと感じながら生きています。（中略）とにかく後先考えずにまずは行動してみる。失敗してもいい。そして失敗は後付けで上手く良い理由に変えることが出来るんで。この辺をみなさんはまだ少し四苦八苦しているのかなと。失敗します，傷つきます，その処理の仕方はもう自分に託されています。どうにでも良い形に変えることが出来ます。」。つまり，どんな惨めな経験であっても「意味付け」すれば，成長に繋がるのです。

　また，20代で北極点から南極点をスキー，自転車，カヤック，徒歩などの人力で踏破し，七大陸最高峰登頂世界最年少記録も更新し，現在では写真家として活躍している石川直樹は著書の中で「現実に何を体験するか，どこに行くかということはさして重要なことではない。心を揺さぶる何かに向かい合っているか，ということが最も大切なこと」だと語っています。つまり，人目を惹くような大きな経験でなくても，日常の些細な経験であっても，「心を揺さぶる何かに向かい合う」ことで，その経験は価値あるものになるのです。

　この経験を「意味付けする」「心を揺さぶる何かに向かい合う」ことを，専門用語で「リフレクション」と呼びます。北海道大学教授の松尾睦は，リフ

レクションを「起こった事象や自身の行為を振り返ることであり，振り返りによって経験からより多くの教訓を引き出すことができる」と定義しています。

　このリフレクションを押さえつつ，経験から学ぶ上で理解すべき重要な理論が，デイビッド・コルブの「経験学習モデル」です（**図表４−２−１**）。具体的には，①具体的経験（すぐ試す），②省察的観察（振り返る・リフレクション），③抽象的概念化（体験の言語化），④能動的実験（仮説を立てる）を経て，また①に戻るモデルです。このモデルで大切なことは，くるくる何回も回すこと。なぜならば，もし経験から学びを得ても，その学びを次に活かさなければ価値が無いからです。もちろん，その学びがすぐに使えないこともあります。特に授業での学びについて「将来役に立つのか？」と疑問に思っている人も多いでしょう。しかし，その学びが将来必要になる場面が無いとは限りません。壁にぶつかった時にまるでGoogleで検索をするように，いつでも頭の引き出しから引っ張り出せるようにしておく，それが③体験の言語化なのです。

　お勧めは日記ではなく，SNSやブログに経験したことを書くことです。理由は３つあります。一つ目は「他者が理解できるように書く」こと。②振り返りだけでは単なるメモに過ぎません。また，後からそのメモを読んでもそれが走り書きのままだと詳細を思い出せなくなってしまうでしょう。SNSやブログに書くということは人目に晒すこと。分かりやすく書かなければなりません。結果，自らの腑に落ち，頭の引き出しの中に格納されるのです。二つ目は「テキストデータになる」ことです。前述した通り，将来どんな場面でその経験が役に立つかは分かりません。一番可能性が高いのは就職活動の場面でしょう。なぜなら面接で「大学時代の経験」は必ず訊かれるからです。そんな時テキスト化しておけば，すぐに検索して引っ張り出せます。それは社会に出てからでもいつでもスマホで検索して探すことができるのです。三つ目は「他者からのフィードバックが得られる」こと。SNSやブログに書けばきっと，友人・知人がコメントをしてくれるでしょう。それが自らを知ること（自己分析）になり，新しい自分の可能性を引き出す機会（計画された

偶発性）になるでしょう。私は Facebook に毎週数本，その日の学びを言語化してアップしています。アップした記事への友人・知人からのコメントで得た知識や機会は数知れません。せっかく経験したなら，他者に伝えてフィードバックをもらわないと勿体無いですよ。

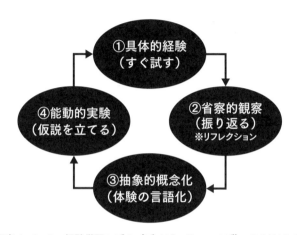

図表4-2-1　経験学習モデル（デイビッド・コルブ） ※見舘が加筆

　とは言っても③体験の言語化ができない！という人もいるでしょう。この問題は早稲田大学平山郁夫記念ボランティアセンターが分かりやすい手順を示しています（**図表4-2-2**）。

　体験の言語化の手掛かりは「モヤモヤ」です。モヤモヤとは，「何だか違う」「心がざわめく」といった感覚です。それは自分の今までの考え方とは違う経験をした証^{あかし}なのです。逆に想定通りの出来事であればモヤモヤしないのですから。よってこの「モヤモヤ」を言語化すればよいのです。そして，そのモヤモヤと社会の課題を繋げてみましょう。なぜ繋げるのかと言えば，社会の課題のほとんどすべてに答えが無く，モヤモヤしていて，あなたが感じたモヤモヤも，ほとんどが社会の課題に繋がっているからです。

【問1】	今でも覚えている「モヤモヤする場面」は，どんな場面，もしくはどんな言葉に驚いたのか，感情が揺れたのか，一言で書いてください。
【問2】	そのモヤモヤを「自分の言葉」で説明してください。 ※自分の言葉：メディア等で一般的に使われている言葉や学術の言葉などを単に借りてきた言葉ではなく，「他者が理解できる」「自分の過去の体験と照らし合わせて咀嚼した」「自分だけの感性の」言葉。
【問3】	そのモヤモヤは，どんな社会の課題に繋がりますか？　一言で書いてください。 ※社会の問題については，図表4-2-3「一般的な社会の課題リスト」参照。
【問4】	そのモヤモヤの中にある社会の課題を「自分の言葉」で説明してください。

図表4-2-2　体験の言語化のステップ
（早稲田大学平山郁夫記念ボランティアセンター）

文化に関するもの	文化相対主義，伝統文化，異文化，宗教問題，オーバーツーリズムなど
教育に関するもの	教育格差，いじめ，発展途上国の低い就学率，多額の奨学金返済問題など
人権に関するもの	ホームレス，DV，女性差別，LGBT，移民問題，新型コロナ感染による差別など
地域に関するもの	被災地，ボランティア活動，地域格差，防災，限界集落，買い物難民など
医療に関するもの	介護，医療格差，病児保育，安楽死，クローン，新型コロナワクチン開発など
労働に関するもの	ワーキングプア，ブラック企業，外国人労働者，パワハラ，過労死など
倫理に関するもの	動物保護，自殺，企業倫理，プライバシー，報道倫理，ジェノサイドなど
経済に関するもの	経済格差，一人親支援，貧困，フェアトレード，米中貿易摩擦など
自然に関するもの	地球温暖化，絶滅危惧種，海洋汚染，森林減少，ゴミ，産業廃棄物など
資源に関するもの	原発問題，クリーンエネルギー，リサイクル，レアメタル，南シナ海問題など

図表4-2-3　一般的な社会の課題リスト
（早稲田大学平山郁夫記念ボランティアセンター，見舘が加筆）

　一つ例を出しましょう。数年前の春，私が所属している大学の限界集落での実習で，大学生と一緒に竹林でタケノコを掘る経験をしました。その時，猪によってタケノコを盗まれた穴がたくさんあり，その時同行していただいた農家の方が「最近，猪に掘られて困っている」とおっしゃったのです。そこで私は「なぜ，猪がタケノコ泥棒をするようになったのか？」と「モヤモヤ」したので理由を聞いたところ，近年，高齢化によって管理していない農地や竹林，いわゆる「耕作放棄地」が増えたからだと。つまり，今まで猪は人目を恐れて山奥に引っ込んでいたが，猪の隠れ場所になる耕作放棄地が里山に増えたせいで，タケノコはもちろん畑の野菜も被害に遭っているとご指導いただきました。そしてその夜，この問題をどうすればいいだろうかとインターネットで調べてみると，方策がいくつか見つかりました。例えばドローンなど最新技術を用いて獣害を防ぐこと，ジビエを普及させ猪を狩る猟師を増やすこと，そして大学生や高校生などがもっと限界集落と連携して耕作放棄地を減らすことなどです。つまり，「猪がタケノコを掘った穴」一つであっても，丁寧にリフレクションをし，言語化して行けば，いつでも他者にその経験からの学びを語ることができるようになる，言い換えれば「頭の中の引き出し」が増えるのです（**図表4-2-4**）。

モヤモヤ	猪によるタケノコ被害
モヤモヤ（自分の言葉で）	竹林の間伐不足が猪を引き寄せていることを知らなかった。せっかく育てたタケノコが盗まれて悲しい。何とかしたい。
繋がる社会問題	耕作放棄地，高齢者問題，限界集落，地方の後継者不足
モヤモヤと社会問題との架橋	実習での竹林の間伐は，猪の被害を減らし，限界集落の自立へと繋がることに気付けた。
モヤモヤと社会問題との架橋（自分の言葉で）	実習での竹林の間伐の意義が深く理解できた。より力を入れて耕作放棄地を減らしたい。また，ドローンなどIT技術を用いて猪を追い払う方法が無いか調べたい。また，ジビエを普及させて猟師をもっと増やすことができないか，ジビエについて調べたい。さらに他の地域の竹林の維持について，地方公共団体がどんな施策を行っているのかについても調べたい。

図表4-2-4　体験の言語化の例（猪がタケノコを掘った穴）

　私がもし大学生なら，そのリフレクションをきっかけに，獣害を減らすために公務員になろうと思ったかもしれません。また，ドローンなどを使った獣害を防ぐ装置を開発しよう，あるいは猪を使った美味しいハンバーグを売り出そうとしたかもしれません。もしかしたら「新時代の猟師になろう！」と思ったかもしれません。

　以上のように，たった一つの「モヤモヤ」が，自らの将来の可能性を広げることにも繋がるのです。石川直樹が指摘するように，例え日常生活の中でさえも，目を凝らせば，耳をすませば，いろんな社会の課題が見えてくるでしょう。そしてその課題を解決するにはどうしたらいいだろうと自分事として考えることができるでしょう。是非この「経験から学ぶ力」を身に付けて，経験の意味付けを軸に，毎日くるくる回してみてください。豊かな学校生活になるはずですから。

（見舘　好隆）

第3節　問いを立てる力

他者に，そして自分に何を問えばいいのか分からない！

　みなさん，日常生活において，「困った問い」はありませんか。脳科学者の茂木健一郎は，「悪い問いの立て方」を5つ挙げています。

1．正解を直接求める

　後輩に「どうやったら恋人できますか？」と聞かれたらどうでしょうか。かなり困ると思います。なぜならば，もしご自身に恋人がいなければ，逆に教えて欲しいと思うでしょう。また，もしいたとしても，向こうから告白されたなら答えはありません。唯一答えられるとしたら，いろいろ努力して恋人を作った人だと思いますが，それは個人によって千差万別。後輩に役に立つ可能性は薄いでしょう。

2．おススメを聞く

　私がよく質問されて困るのが「先生，私にお勧めの就職先を教えて下さい」です。これはかなり困ります。なぜならば，学生がどこの企業団体で活躍できるか，分かるわけが無いからです。逆にアドバイスして，私を信じてその会社に入った後，仕事が嫌になって退職して恨まれるかもしれません。この「おススメを聞く」問題は，たとえ家族であっても答えられない難問です。

3．相手に同意を求める

　友人に「海外留学した方がいいよね？」と聞かれたらどうでしょうか。これもやっかいです。なぜならば，もしご自身に留学経験が無ければ同意するしかないでしょう。経験があるとしても，前出の問いと同じく，

個人によって良し悪しは千差万別。丁寧に伝えるとしたら，回答を保留して，ご自身の体験談を語るしかないですが，友人がそれを求めていなければ空回り。最悪なのは「留学しない方がいい」と思っている時です。相手の同意を拒否して気まずくなるでしょう。何もいいことはありません。

4．逃げ場のない問いかけをする

　留年した友人に「なぜ留年したの？」と聞くのはどうでしょうか。これはかなり信頼関係があって，友人があなたにアドバイスを求めている時であれば聞いてもいいかもしれませんが，単なる興味本位で聞いても相手を追い詰めるだけです。

5．どちらかを選ぶ

　クラブ活動で忙しくて，恋人とのデートを延期してもらった時，恋人に「私とクラブ活動とどちらが大事なの？」と聞かれたらどうでしょうか。こういった選択問題（クローズドクエスチョンと呼びます）はかなり困るはずです。相手の気持ちをくんで「もちろんあなたです」と答えたら，相手は喜ぶかもしれませんが，クラブ活動をしづらくなってストレスが溜まるでしょう。逆に「クラブ活動です」と答えれば，喧嘩になるでしょう。何もいいことはありません。

　以上の5つの「悪い問いの立て方」はすべて，何も生み出しません。つまり，問いの立て方を間違うと，何も情報を得ることができないのです。そして当然，問いを立てなければゼロのまま。よって「良い問いの立て方」ができるようになれば，新しい何かを得られて，充実した人生を自ら作り出せるのです。さらに問われた相手にもプラスがあれば，最高の問いかけでしょう。
　では「良い問いの立て方」とは何でしょうか。茂木健一郎は「問題をあいまいなままにするのではなく，きちんと問題提起をして，自分が解決できる問題に置き換える問いかけ」としています。東京大学名誉教授の上野千鶴子は「（時間をかける，努力することで）答えの出る問い」としています。株式会社ミミクリデザインCEOの安斎勇樹と京都大学准教授の塩瀬隆之は，「（良い）問いとは，人々が創造的対話を通して認識と関係性を編み出すための媒

体」と定義しています。

では，さっきの「悪い質問」を「良い質問」にしてみましょう。

1．正解を求めるのではなく，創造的対話で新しい答えを作る

「どうやったら恋人できますか？」ではなく，今，どんな人が好きか，なぜ好きなのかなど，自分の情報をさらけ出したのち，自分ができる努力として，それが「誕生日のプレゼントに何を買うか？」であれば，好きな人にプレゼントを贈ってうまくいった経験を持つ先輩に，「先輩は恋人にどんなプレゼントを贈りましたか？　そしてその理由は何ですか？」と尋ねるのが正しい問いかけです。

2．おススメを聞くのではなく，相手が一番好きなものを聞く

「おススメの就職先」を聞くのではなく，「先生がタイムマシンで大学生に戻って，仮に企業に就職活動するなら，どこに就職しますか？」と聞くのが正しい方法です。これであれば，私はスムーズに答えを言うことができます。その答えから何かヒントを見いだせばよいのですから。余談ですが，今この問いを掛けられたら，またいずれ大学教員になるとしても，就職するならアクセンチュアがいいと思っています。共著者だからではなく，授業でご登壇していただいた時，本当に思いました。

3．同意を求めるのではなく，創造的対話で新しい答えを作る

「海外留学した方がいいですよね？」という問いかけの裏に，例えば留学に行きたいけど親が同意してくれない，お金が足りない，語学力が足りないなど，何か真の課題があるのではないでしょうか。1と同じく，友人に的確なアドバイスを頂くために，しっかり自分の課題をさらけ出しましょう。そして，一緒にどうすればいいか，対話をしながら解決策を見いだしましょう。

4．逃げ場のない問いかけは絶対にしない

よくマスコミが被害者家族にインタビューするのと同じです。自分の興味関心を満足させることを目的とした質問はご法度です。相手がその悩みについて聴いてほしいのなら，質問を一切せず，傾聴に徹してくだ

さい。そしてアドバイスを相手が求めた時に，そのアドバイスをするために必要な質問のみをしてください。傾聴については第3章第3節「L：リーダーシップ」参照。

5．どちらかを選ぶのではなく，オープンクエスチョンで

　　答えが無い質問をして追い詰めても，気まずくなるだけです。よって，ここはアサーションを使うのが良いでしょう。例：「クラブ活動で会えないのですね。とても寂しい思いでいっぱいです。そこで提案ですが，お昼ご飯や晩御飯だけでもご一緒できないかな？」　アサーションについては第3章第3節「L：リーダーシップ」参照。

　さて，問いの立て方は，地域の課題を解決するなど，大きな課題に対し，複数で挑戦する時にもとても重要になります。前述した安斎と塩瀬は，問いを立てる時には，問題の本質を捉え，解くべき課題を定めることが重要だと指摘しています。具体的には，例えば「ある地方都市の人口を増やすにはどうすればいいのか？」という課題をテーマに，学生がチームになって解決策を考えるとしましょう。少し考えていただければ分かると思いますが，こんな大きなテーマでは，曖昧過ぎて答えが出ないか，たくさんの意見が出てまとまらないかの，いずれかになってしまうと思いませんか。それを防ぐために，安斎と塩瀬は以下のように「課題を定義する手順」を示しています。

STEP 1：要件の確認

　　まず，この問題の解決を望んでいる当事者（本ケースであれば市役所の職員なのか，小学校の廃校に反対している地域住民なのか，客足が減る商店街の方なのか，等）が誰なのか，そしてその当事者が認識している問題の要件を確認しなくてはなりません。要件とは，当事者が望んでいることや，その地域や組織の情報，その都市や地域の魅力や資源，プランの納期，プランにかかる予算などです。これらを押さえずに問題解決を議論しても，的外れなプランを提示する可能性が高くなるだけです。

STEP 2：目標の精緻化

　　当事者から問題の要件を確認出来たら，次は目標を細かく確認します。

ポイントは3つ。期間と優先順位，目標の性質です。具体的にはどのくらいまでに人口減少が止まればいいのか，優先順位が高い要件は何か，目標はどういったものを望むのか（人口増加プランの広報，小学校の継続の確定，商店街のお客様が増える，など）。

STEP 3：阻害要因の検討

当事者はきっと今までその問題解決に挑んでいたはず。ゆえに問題解決を邪魔していた「阻害要因」を洗い出す必要があります。なお，安斎と塩瀬は「そもそも当事者同士が対話できていない」「当事者の固定概念が強固である」「意見が分かれて合意形成できていない」「目標が自分事になっていない」「知識や創造性が不足している」の5つをよくあるケースとして挙げています。

STEP 4：目標の再設定

STEP 3で抽出した目標の阻害要因を踏まえて，目標を再設定します。

STEP 5：課題を定義する

STEP 3とSTEP 4を行ったり来たりすることで課題の輪郭がはっきりし，解決すべき最も重要な課題（イシュー）が見えてくるはずです。そして，課題解決に挑む当事者ではないみなさんも，当事者の気持ちに共感できるようになっているはずです。そして，ここではっきりと課題を再定義して，スローガンとして掲げましょう。

最後に，最大の難問，「自分の将来のキャリア」について，問いを立ててみましょう。茂木健一郎が立てた「自分を知る問い」を少しアレンジしました。

1．自分だけが持っているものは何か？

難しい問いですが，自らのアイデンティティが見えてくるかもしれません。

2．目の前の越えられない壁を，他者はどうやって乗り越えたのだろう？

これは越えた人に教えてもらうのが一番です。探してみましょう。

3．この人との共通点は何だろうか？　その人と自分とは違うのか？

意見が合わない人と付き合う時にすべき問いかけです。他者である以

上，合わない方が普通なのです。将来のキャリアには他者との対話でヒントが得られることが多いものです。違いを認識した時こそ，新しい何かが見えてくることが多いのですから。

４．どのあたりからうまくいかなくなったか？　何がボトルネックなのか？

前述した課題解決における「STEP 3：目標の阻害要因」をあぶりだす問いかけです。

５．自分に今できることは何か？

何かうまくいかない時に，他人のせいにするのではなく，自分が今できることは何かを考えることで，自分事として捉えることができます。

６．今まで自分は何に感動してきただろうか？

リモートワークが進み，仕事と私生活を無理に分けずミックスして働く「ワーク・ライフ・ミックス」へと移行するのであれば，自分が寝食を忘れてワクワクする仕事を選ぶのが一番です。第５章第１節で詳しく解説していますので，参照してください。

以上，自分が解決できる問題に置き換える「良い問いかけ」をして，様々な課題，特に自身の課題解決について，日々少しでも前に進んでください。

（見舘　好隆）

第4節　ロジカルシンキング

なぜ? なぜ? なぜ? って聞かれても困る!

　社会に出れば，会議やミーティング，雑談にて，上司・同僚・部下から必ず「意見」を求められます。対顧客に関しても営業や接客，サポートデスクでの対応，そしてクレーム対応において必ず「意見」が求められます。そして，就職活動においても面接官から「なぜそうしたのか?」「なぜそう考えたのか?」「その提案の根拠は?」など，必ず「意見」が求められます。相手が納得する意見を述べる力。これは働く上で必須の能力でしょう。

　この「意見」には，当然説得力が無いと伝わりません。この説得力を担保するものが「根拠」です。この「根拠」が無ければ，その「意見」は単なる「思い付き」となり，他者は納得しないし，あなたが期待する行動を取ってくれることもありません。もちろん家族や友人なら何となくでも伝わりますが，それはあなたのことをよく知っているから。聴き手が親切に頭の中で根拠を作ってくれているだけなのです。社会に出ればほとんどの人があなたのことを知りません。よって，「根拠」が無ければ誰もあなたの考えに納得しません。結果「なぜなぜ?」攻撃を食らうことになります。ここで大切な思考法が，「ロジカルシンキング」「PREP法」「ピラミッドストラクチャー」の3つです。

　一つ例を挙げましょう。友人に昼食で"今浪うどん"に行くことを提案するとします。なお，このうどん屋さんは本学の近所にある，小倉名物の肉うどんで有名なお店です。

> A）　今浪うどんに行こう！　何となく旨いらしいし。
> B）　今浪うどんに行こう！　なぜならば，食べログ3.5ポイント以上で，見舘先生も推
> 　　　奨していたし，漫画『クッキングパパ』で登場したよ。

　さて，どちらが行きたいと思いましたか。当然 B。理由は「根拠」がある
からです。このように，物事を結論と根拠に分け，その論理的な繋がりを捉
えながら物事を理解する思考法を，論理的思考（ロジカルシンキング）と呼
びます。ロジックの語源はギリシア語の logos。ロジカルシンキングを体系
化したのが古代ギリシアの哲学者アリストテレスです。彼は「演繹法」と「帰
納法」という２つのロジックを生み出しました。演繹法とは，別名「三段論
法」とも呼ばれ，一般的な事実（ルール）と観察事項という２つの情報をも
とにして結論を導き出す手法です（**図表４−４−１**）。先ほどの例のひとつひと
つがそれぞれ演繹法を使っています。帰納法とは，演繹法とは逆の手法で，
複数の事実から分かる傾向をまとめて，一般論を導き出す手法です（**図表４−
４−２**）。分かりやすい例で言えば，天気予報ですね。過去のデータをたくさ
ん集めて，明日の天気を予測しています。アンケートも同じ。数が多ければ
多いほど説得力が増します。実は先ほどの例も，根拠を３つ並べた視点で観
れば帰納法ですね。なぜなら見舘先生のお勧めと言っても主観的かもしれな
い。だから食べログや『クッキングパパ』という根拠を補強して，ロジック
を強化したことになります。このように演繹法と帰納法はセットで用いられ
ることが多いのです（**図表４−４−３**）。

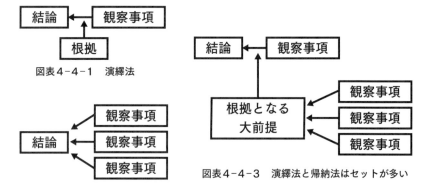

図表４−４−１　演繹法

図表４−４−２　帰納法

図表４−４−３　演繹法と帰納法はセットが多い

　次に「PREP法」というビジネスの現場で常に用いる方法を身に付けましょう。Yahoo！アカデミアの伊藤羊一学長は「90％の人は1分で話せないばかりに損をしている」と指摘しています。例えば，アルバイト先やゼミなどで自分の考えをプレゼンする時に，簡潔に分かりやすく話せれば，あの提案は通っていたかもしれないということはありませんか？　また，社会に出れば当然，仕事で上司に相談したい事は山ほど生まれるはず。その時も簡潔に分かりやすく話せた方が，有益なフィードバックを得られると思いませんか？さらに就職活動において人事担当者の前で自らの意見を披露する場面は必ずあるでしょう。当然，選考を受ける人はたくさんいますので，グループ面接なら1分でプレゼンしなくてはならない場面が頻発します。個人面接であっても矢継ぎ早に質問された時，簡潔に分かりやすく話せた方が内定を取りやすいことは言うまでもありません。書類選考で提出するエントリーシートや，ビジネスの現場で作成する企画書も同じことです。そこで威力を発揮するのが「PREP法」なのです。

　PREPとは，結論（Point）＋根拠（Reason）＋具体例（Example）＋結論（Point）の頭文字をまとめたものです。ビジネスの現場でプレゼンする，上司に相談する，顧客に説明する，面接で自己PRするなど，すべての場面で用いるロジカルな自己表現のフレームです。では，さっきの「今浪うどん」のケースを用いて説明してみましょう。結論（P）は「今浪うどんに行く」です。まず，前述した例の場合，根拠（R）があるBの方が伝わることを確認しました。つまり「なぜならば」と続く部分が，根拠（R）となります。

　次に，以下の場合，どちらの方が伝わりますか？

> C）　お腹空いたね。何食べたい？　私うどんがいいなって。今浪うどんって知ってる？食べログ3.5ポイント以上，見舘先生推奨，漫画『クッキングパパ』登場だから。
> D）　一緒に今浪うどん食べませんか？　連れて行きたい理由が3つあります！一つ目は食べログで3.5ポイント以上，二つ目は見舘先生推奨，三つ目は漫画『クッキングパパ』登場。だから一緒に食べませんか？

Dの方が伝わりやすいと思いませんか。つまり結論（P）を最初に提示し，その根拠（R）の数を宣言して話し，最後にもう一度結論（P）を言うのがコツです。根拠（R）は3つあると伝わりやすいので，3つの根拠を作るように心がけましょう。

次に，さっきのDと以下のEを比べて，どちらの方が伝わりますか？

> E) 一緒に今浪うどん食べませんか？ 連れて行きたい理由が3つあります！
> 一つ目は食べログで3.5ポイント以上。3.5以上は全体の3％だからレベルが高い。
> 二つ目は見舘先生推奨。見舘先生は10年以上勤めているから，説得力あるよね。
> 三つ目は漫画『クッキングパパ』で登場。この漫画は週刊『モーニング』に長期連載している漫画で読者も多く，筆者自身が確かめているから信用できると思う。だから一緒に食べませんか？

Eの方が伝わりやすいと思いませんか。つまり根拠（R）に具体例（E）を添えた方が，説得力が格段に上がるからです。なぜならば，食べログの3.5ポイント以上が凄いこと，見舘先生が10年以上勤めていること，漫画『クッキングパパ』が多くの読者に支持された漫画であることを聴き手は知らない可能性があるからです。よって，知らないことを想定して，理解を促進する具体例（E）を添えることが大切となります。

これまでのことをピラミッドストラクチャーで整理したのが**図表4-4-4**です。ピラミッドストラクチャーとは，多くの観察事項（具体例）から，ひとつのメインメッセージ（結論）を導く技術で，結論を頂上に，サポートする観察事項（具体例）を下段に，観

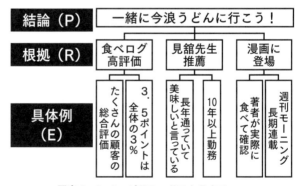

図表4-4-4 ピラミッドストラクチャー
※よく似たものに，ロジックツリーがあります。

察事項をまとめたメッセージ（根拠）を中段に置いて図式化したものです。

　授業でレポートを書くときや，ゼミでプレゼンする時，就職活動での自己
PR を考える時，そしてビジネスの現場で絶えず使う，ロジカルシンキング，
PREP 法，ピラミッドストラクチャー。是非，日々使って体得してください。
もしかしたら大切な人に気持ちを伝える時にも，有効かもしれませんよ。

（見舘　好隆）

第５節　クリエイティブシンキング

大胆な発想……と言われても困る!

　「新しいアイデアが大事，創造性が必要」といった話は，おそらくほとんどの人が耳にしたことがあるのではないでしょうか？　こうした新しいものを生み出す考え方を創造的思考（クリエイティブシンキング）と言います。論理的思考（ロジカルシンキング）と対立する概念と言われ，昨今のビジネス現場ではすべてのビジネスパーソンに求められるスキルとして注目されています。しかし，「急に創造性と言われても……」，「新しいアイデアなんて思いつかない……」と考える人も少なくないと思います。そこで，ここでお伝えしたいことは，創造的思考は誰もが身に付けられるスキルであるということです。思い出してください。誰もが子どもの頃は特に意識せずに創造的な発想をしていたはずです。にもかかわらず，大人への成長過程で「一般的と言われる考え方」や「常識」などの影響を受け，第３章第１節で述べた「硬直マインドセット」へと変化してしまっただけなのです。創造的思考は，コンセプトの立案，企画書作成，プロジェクトの具現化など，あらゆる仕事のプロセスに活用できる普遍的スキルと言われています。時代の新たな変化に対応していくために，是非創造的思考を身に付けましょう。
　では，あらためて創造的思考とは何か。これは閃きやイメージなどを重視するもので，「枠組みにとらわれない自由な発想」のことを指します。拡散思考や水平思考と呼ばれることもあり主に右脳を使用する思考法と言われます。創造的な思考を持つためには，質より量，正確さより楽しさが重要で，創造的思考を使った会話では，「それいいね！」「他には？」といった表現が多用されます。常識に囚われず自由な発言を繰り返すことで，斬新な発想に繋が

るのです。

　『アイデアのつくり方』の筆者であるジェームス・W・ヤングによると「アイデアとは，既存の要素の新しい組み合わせ以外の何ものでもない」と述べられています。人間の思考は，過去と現在の出来事によって作られており，それらを前提として未来をイメージします。斬新なアイデアも無から有を作るのではなく，既存のものを足したり，掛け合わせたりすることで，斬新なアイデアとなって生み出されるのです。それでは，創造的な活動を行う上で，筆者が特に重要と考えている4つの姿勢について説明します。

1．前提や固定概念にとらわれない

　「ねばならぬ！」の考え方が強いと，その時点で自分の思考に枠を作ってしまいます。人の思考や行動は，過去の経験や出来事によってパターン化される傾向にあり，決めつけてしまえば色々な可能性が消えることとなります。前述した「硬直マインドセット」では，何も生み出すことはできません。当たり前と思うことに「なぜ？」「本当に？」をぶつけてみることで，当たり前と思っていたものが違った景色に見えるようになります。

2．インプットを増やす

　アイデアを生み出すためには，日々の生活を通してその種を集めることが大切です。スティーブ・ジョブズは，卒業式の演説で「コネクティング・ザ・ドッツ」の重要性を述べています。いかなる出来事も，その時は一つの点でしかないかもしれないが，振り返った時に点の繋がりに気付き，それらが新たなものを生み出すきっかけになるということです。一つひとつの点が新たなアイデアに繋がると信じ，様々な経験を沢山積みましょう。

3．目的に対する興味・関心を持つ

　興味のあるものには意欲的に取り組めたり，考えることが苦にならなかったりした経験はありませんか。脳科学者の茂木健一郎は，「創造力＝体験×意欲」という式を示しています。体験は若者より年配者の方が多いのに，なぜ創造力が年齢とともに落ちるのか。茂木健一郎は「体験が増えた結果，自分

の中で常識の枠をつくり過ぎてしまい，新たな挑戦をすることを辞めるから」
と指摘しています。だからこそ，何か新しいものを生み出すときには，対象
となるものを「自分事」として捉え，興味・関心を持つことが大切です。

4．アウトプットを積極的に行う

　人は頭でイメージしたことを「なんだっけ？」と直ぐに忘れてしまいます。
そのため，閃きが訪れた瞬間にがっちりとつかみ取る心構えを養うことが大
切になります。アイデアを思いついた！と思ったらアウトプットすることを
意識しましょう。ここでのアウトプットとは，誰かに話すことだけではなく，
考えたことを声に出してみる，文字にしてみる，絵で表現してみるなど，様々
な方法を使って具現化することです。詳しくは第4章第7節の「自らを発信
する力」を読んでください。

　次に，クリエイティブな発想に繋がる多面的視点からの発想を引き出す代
表的なツールとして，「シックスハット」「SCAMPER法」「ランダムインプッ
ト」の3つを紹介します。

1．シックスハット

　物事を様々な角度から見るための手法です。一つのテーマについて考える
場合に通常は自身の考えに強く影響されます。そこで，テーマに対し「客観，
直感，否定，肯定，革新，俯瞰」の6つの立場から考えることで多面的に捉
えることができます。例えば，「否定的」な立場からは物事をネガティブに捉
え「最悪な場合はどうなる？」などをイメージします。「直感的」な立場から
はロジックにこだわらず「どう感じるか？」を軸に考えます。本気でその立
場に立って物事を考えるということが重要です。グループで行う場合には，
視点ごとに色分けした帽子やネームプレートを準備するとスムーズに進めら
れます。

2．SCAMPER法

　チェックリストの7つの問いかけに答えていくことで，自然にテーマに対

する新たな観点へと導き出してくれる方法です。もともとはオズボーンの
チェックリスト法（9つの視点からの問いかけ）であったものをボブ・エバー
ルが改変した方法で，**図表4-5-1**に示す7つの質問に答えることで，違っ
た考えをイメージすることができます。

	Point	視点	問いかけ
S	Substitute	換える	代用品はないか？　どの部分を換えられるか？
C	Combine	結び付ける	組み合わせることはできるか？
A	Adapt	適応させる	今あるものを応用できないか？
M	Modify	修正する	どのように，修正，変更できるか？
P	Put To Others Uses	他の目的に使用する	別の目的に使えないか？
E	Eliminate	除く	カットできるものはないか？
R	Rearrange	並べ替える	順番を変えたり，逆にしたらどうなるか？

図表4-5-1　　SCAMPER の7つの視点

3．ランダムインプット

　水平思考を提唱したエドワード・デボノによって考案されたもので，無作
為に得た情報（文字・絵など）を活用し，創造的な発想を得るための手法で
す。自由な発想をしていると思っていても，実は枠組みに囚われてしまって
いることがあります。そこで，テーマに対して一見全く関係のない情報を入
手します。そのテーマと情報を結び付けることで違った発想が生まれます。
情報の入手方法は，目に入ったものや新聞，テレビなど何でも使えます。例
えば，「緑茶の消費量を3倍にする方法を考えなさい」と言われた場合に，ラ
ンダムインプットを用いて「地震」というキーワードを抽出したとします。
一見関係がないように思えますが，「緑茶には抗菌作用がある」，「避難場所で
のストレス発散効果」といった視点から，新たな消費の方法が見つかるかも
しれません。このように，意図的に多様性を持ち込むことで，狭くなった思
考の枠組みを取り外すことができます。

　最後に，社会人がチームで新しい商品やサービスを検討する時に行ってい

る一般的な手法を説明します。「ブレインライティング」「ブレインストーミング」「KJ法」です。

１．ブレインライティング

　旧西ドイツ生まれの創造技法で，議論をする前に，まず，紙に自身の考えや意見を書き出す手法を言います。前述した通り，アイデアは既存の要素と要素の組み合わせ。よって，チームでアイデアの創造を行う場合には，あらかじめその種をたくさん用意しておくことが重要です。また，言葉の議論だけだと，他者の意見に流されてしまい，用意していたアイデアを忘れる，もしくは言いそびれてしまうこともあり得ます（他者発言による発想の抑制）。ゆえに，議論する前に自分のアイデアを書き出しておくことが重要です。

２．ブレインストーミング（ブレスト）

　集団でアイデアを出し合うことによって連鎖反応や発想の誘発を期待する技法です。なお，ブレストを行う場合には，次の５つがとても重要になります。①質よりも量を重視する，②他人の意見を批評しない，③どんな意見も肯定的にとらえる，④メンバーの意見を公平に扱う，⑤他人の意見を参考に膨らませていく。逆に批評や批判などをしてしまったら，その時点でアイデアは出てきません。楽しく，ワクワクしながら行うことが大切です。

３．KJ法

　文化人類学者の川喜田二郎氏が考案した技法です。ブレインライティングやブレインストーミングなどで出された意見をポストイットに書き，同じ系統のカードをグループ化して，系統ごとに分類されたデータを整理，分析し，図解などを用いてまとめていく方法のことです。

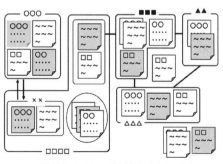

図表４-５-２　KJ法のイメージ

　図表4-5-3は，これまで説明してきたアイデア創造のプロセスを図式化
したものです。はじめに，自
分の意見を書き出す（ブレイ
ンライティング）ために，情
報の収集を行います（イン
プット）。

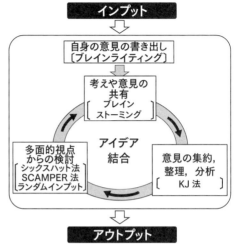

　そして，チーム全員の考え
や意見の共有（ブレスト）を
行い，多面的視点からの検討
（シックスハット法）を用いて
アイデアの種を増やします。
そしてアイデアが出尽くした
時点で，意見の集約・整理・
分析（KJ法）を行います。

図表4-5-3　アイデア創造のプロセス

　みなさんは社会に出たら，以上の作業を頻繁に行うことになります。もち
ろん，これですぐに実現可能なアイデアが生まれるわけはなく，試作品（プ
ロトタイプ）を作成し，評価し，改善点を見いだして，また振出しに戻る毎
日でしょう。しかし，この積み重ねでしか，画期的なアイデアは生まれない
のです。ニュートンにとって「木から落ちるリンゴ」はアイデアの種に過ぎ
なかったのですから。

　そして，みなさんが今からできることは，アイデアの種を貯めることです。
社会に出てから急にアイデアを出せと言われても困らないように，面白いと
思ったことをメモする癖を身に付けましょう。

（栁田　健太）

第6節　異文化理解力

自分と違う意見の人と付き合うのは苦手だ！　どうすればいい？

　2020年8月4日にオンラインで開催された「Adobe Education Forum 2020」で，OECD（経済協力開発機構）東京センター村上由美子所長が興味深いことを語っていました。「従来の仕事が失われる要因の多くは，テクノロジーの進化と，それに伴う消費者ニーズの変化。よって，ロボットやAIと協働して新しい仕事を生み出せば問題は無い。この状況の中，OECD加盟国の中で日本は若年層の失業率が最も低い，つまりイノベーションを起こす余裕が他国よりもあるはず。また，最新の国際学習到達度調査（PISA 2018）でも科学的リテラシーや読解力，数学的リテラシーは上位であり，他国に比べてイノベーションを起こす力は養われている。さらに日本はパテント数が最も多く技術力は十分ある。そしてGDPも第3位で金銭的な問題もない。にもかかわらず，他国に比べてその力をイノベーションに活かしていない結果が出ている。なぜできないのか？　それは若者の高度なリテラシーと，最新のテクノロジーを"繋げる力"が欠けているからだ。それを解決するためには，もっと多様な異文化を理解する力を身に付けるべきだ」と提言しました。彼女の指摘は正しく，日本の多くの企業はリストラクチャリング型，つまり既存のアイデアを取り入れて深化させることは得意ですが，先手を打って時代の波を自ら創り上げていくトランスフォーメーション型の企業は，アメリカなどに比べて少ないでしょう。私も含めて日本人の大人の心の奥底には，「前例のないこと」「失敗するリスクが高いこと」「奇抜なアイデア」を避ける傾向があるのかもしれません。当然，村上氏が指摘する，多様な異文化を理解する力，すなわち「異文化理解力」を学生時代に身に付けておかなくてはなりません。

　さて，異文化理解力とは何でしょうか。INSEAD 客員教授のエリン・メイヤーは著書の中で「相手の発言や行動の真意を理解すること。そして，自分の言動を相手がどう捉えているか理解すること」と定義し，神田外語大学教授の小坂貴志は異文化コミュニケーションにおける重要な概念として，「マインドフルネス」「解釈」「対話」の３つを挙げています。「マインドフルネス」については，今や Google，Facebook，Yahoo! といった企業が研修として取り入れている概念で，ハーバード大学教授エレン・ランガーは「周囲の環境や自分自身に対して敏感になり，その状態や微妙な変化によく気付く状態」と定義しています。マインドフルな活動とマインドレスな活動を対比させた**図表４-６-１**を見てください。マインドフルネスは異文化コミュニケーションのみならず，新しいビジネスやイノベーションを生み出すために必須の力であることがよく分かります。未来や過去ではなく，現在に集中する点においても，本書のテーマに通じますね。

マインドフルの特徴	マインドレスの特徴
新しいカテゴリーの持続的な創造。つまり，クリエイティブであること	古いカテゴリーに捕われること
新しい情報への開放性。つまり，自文化には見られない新たな知識に関心を持つこと	新しい情報に注意を向けることを妨げる自動的な行動
複数の観点への暗黙の気付き。つまり，絶対的な観点は存在せず，二人であれば，２つの観点がある	ただ１つの観点から生みだされる活動

図表４-６-１　マインドフルとマインドレスとの対比（エレン・ランガー）

　「解釈」については，多くの研究者が「DIE 法」の活用を示唆しています。DIE 法とは，事実を客観的に描写し（Description），次にその事実に対する複数の解釈をし（Interpretations），その解釈ごとに評価する（Evaluation）こと。双方が一つの事実に対し，それぞれ別の解釈をし，評価をしている可能性を考えて対処することで，不必要なストレスを回避することができます。**図表４-６-２**でほんの些細な価値観のずれがトラブルになる例を挙げておきました。結局は先入観にとらわれず，冷静になって相手の気持ちを確認するしかないことが分かります。これは異文化間でなくても常に意識し，活用できる

スキルですね。

留学中のＡさんはクラスメイトと飲み会に行くことになりました。そこでルームメイトのＢさんを誘おうと思いましたが，考えてみればＢさんはインドネシア出身でイスラム教。お酒は飲めないはず。だから誘いませんでした。結果，Ｂさんは誘われなかったことを知り，その日からお互いが気まずくなってしまいました。				
（E）Ａさんの評価	（I）Ａさんの解釈	（D）描写	（I）Ｂさんの解釈	（E）Ｂさんの評価
大好きなＢさんのことを思いやる，私はとても思慮深い人間だ。	Ｂさんはイスラム教なので，お酒は飲めない。きっと断るから，声を掛けずにいよう。	Ａさんは，クラスメイトとの飲み会にＢさんを誘わなかった。	Ａさんはイスラム教でもウーロン茶で同席することは可能という発想は無かった。	Ａさんは私のことを思慮深く考えてくれない人なのかも。
Ｂさんはもともと私のことが嫌いだったのかもしれない。	Ｂさんは飲み会に誘わなかったことを怒っているみたいだ。	結果，お互いが気まずくなった。	Ａさんは私を飲み会に誘わなかったことがばれて困っているみたいだ。	Ａさんはもともと私のことが嫌いだったのかもしれない。

図表４-６-２　DIE法で分析した，留学先でのトラブルの例

　「対話」については，第３章第３節「L：リーダーシップ」で解説した「傾聴」「アサーション」スキルを，異文化間ではより発揮する必要があることを指します。

　では，異文化理解力を身に付けるにはどうすればいいのでしょうか。もっとも簡単な方法は，海外に長期間滞在して活動することです。私は2018，2019年度の本学の課題解決型の海外インターンシップに参加した学生73名に対し，「異文化理解力」が向上しているか分析を行いました。結果，異文化理解力の構成要素のうち，好奇心・オープンマインド・アサーティブネス・失敗力・グリットが有意に向上していることが確認できました。また，「実働日数」が長いこと，そして「現地社員との交流頻度」「現地の人々との交流頻度」「課題の自由度」「海外生活」「他学生との交流」「業務」がプラスの影響を与えることが確認できました。この研究で作ったモデルが**図表４-６-３**です。この図を見ると，海外だからこそ強いられる「現地社員との交流頻度」「現地の

人々との交流頻度」のみならず，インターンシップに従事する以外の時間，すなわち「海外生活」自体も「異文化理解力」の向上に寄与していることが分かります。

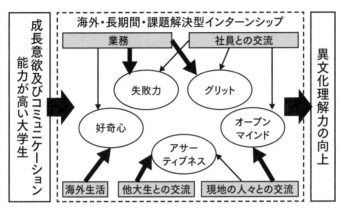

図表4-6-3　海外インターンシップで異文化理解力が向上するモデル

　もちろん，新型コロナウイルスで海外での活動をする機会は格段に減りました。また，経済的に参加できない学生もいるでしょう。しかし，異文化理解力の「異文化」とは，国籍や民族，宗教，文化といった大きな違いだけでなく，例えば同じ日本人で，同性，同世代であっても結局は「異文化」なのです。

　だからこそ，日常生活において，みなさんの周囲の，できるだけ自分とは意見が違う人とコミュニケーションをとってみてください。では，苦手な人はどうすればいいか。それは日常生活においてマインドレスにならないように常に意識し，もしイラっと来たら「DIE 法」を使って心を落ち着かせつつ，「傾聴」「アサーション」を駆使すれば，何とかなります。つまり，海外に行かなくても訓練することはできるのです。少しずつでいいから大学生活全体を通して，異文化理解力を育てていきましょう。

（見舘　好隆）

第7節　自らを発信する力

リモートワークだと，ちゃんと評価してくれるか心配だ！

　あなたが社会に出て，とある企業に入社し，上司の評価を気にするのであれば，当然，上司に評価される成果を残す必要があります。そのためには自らの成果を周囲の人に伝える発信力を身に付けなければなりません。これがリモートワーク社会においては特に重要となります。なぜならば，オフィスで顔を合わせる，営業で同行するなど，自分の行動を見せる場面が激減するので，あなたがどれだけ頑張っていようとも何らかのアウトプットをしないことには全く評価されないからです。これからの時代は，今まで以上に情報生産者かつ発信者であることが求められるでしょう。

　例えば，2014年度の近畿大学卒業式の祝辞で堀江貴文は，「みなさんは既に，スマホのニュースアプリやSNS（ソーシャル・ネットワーキング・サービス）を使って，世界中の素晴らしい人達や，先を行っている人達の情報に触れることができます。そして，それだけじゃダメです。これからはそうやって仕入れた情報を自分の頭で考えて，整理して，ブログなどSNSなどで毎日発信し続けてください」と，アウトプットの重要性を示唆しています。また，ビジネス・ブレークスルー大学学長の大前研一も，雑誌『プレジデント（2007年3/19号）』の「情報の達人」の記事の中で，アウトプットすることでその情報は批判され，咀嚼され，更に磨かれていくと指摘しています。

　従来は，テレビや新聞等のマスメディアからしか情報を得ることはできず，言わば「受け身」の状態にいました。そのことにより市場経済はマスメディアの力によってコントロールされ，それは同時に売る側（生産者）も巨額の広告費を投じ，コストを負担しなければなりませんでした。しかし，インター

ネットの普及と SNS の発達によって，誰もが無料で広告宣伝ができるようになりました。さらに，現在拡大しつつある 5 G（第 5 世代移動通信システム）が普及すれば，大容量の高速通信が可能となり，動画はもちろん，VR（Virtual Reality：仮想現実）や AR（Augmented Reality：拡張現実）を使った広告も生まれるでしょう。つまり，マスメディアによる高コストで一方通行だった「受け身」の時代から，安価で即時に誰でも発信できる「発信者」の時代に変わったのです。このことは，中小企業のプロモーション活動はもとより，みなさん個人が自らの活動を社会に伝えることができる，大きなチャンスなのです。

何を発信すればいいのか？

さて，「何を」発信すればいいのでしょうか。それは，第 5 章第 1 節「新時代のキャリアデザイン」に登場した，古墳ガールをイメージしていただければ分かりやすいと思います。彼女は大学時代のほとんどを「古墳」に投じて，その活動を SNS はもとより，お店を開くという究極の「アウトプット」をしています。結果，豊富な経験や人脈を得ることができ，満足できる就職活動をすることができました。つまり，あなたのキャリアを豊かにするために発信するべきコンテンツは，あなた自身の「成長物語」なのです。あなたが極めたいことを発信することで，他者からフィードバックを得，修正・改善を繰り返しつつ，人脈を広げ，絶えず成長していくプロセス自体をコンテンツにしましょう。

発信する上で注意する点が 2 点あります。一つは発信する情報に責任を持つことです。学生であっても間違った情報を発信したら問題になります。例えば Twitter のリツイートや Facebook のシェアでも「あなたが発信した」ことになり誤報であれば責任を問われる可能性があります。第 3 章第 4 節「D：データ」で詳しく触れていますが，自分が実際に見聞きした情報（一次情報）のみを発信することをお勧めします。最近は新聞社のニュースであってもその記者の主観が含まれていますので，決して鵜呑みにしないように気を付けましょう。

もう一つは「やったこと」を発信することです。中国戦国時代末期の思想

家，荀子の言葉に「聞かざるは之を聞くに若かず，之を聞くは之を見るに若かず，之を見るはこれを知るに若かず，これを知るは之を行うに若かず。學は之を行うに至りて止む」という言葉があります。この意味は「知らない」＜「聞く」＜「見る」＜「知る（理解する）」＜「実践する」。つまり，学びは実践に至って初めて終わるという意味です。この荀子の考えを土台に私の経験を加味して作った「成功者の思考と行動の発達モデル」（**図表4-7-1**）を用いて詳しく解説します。

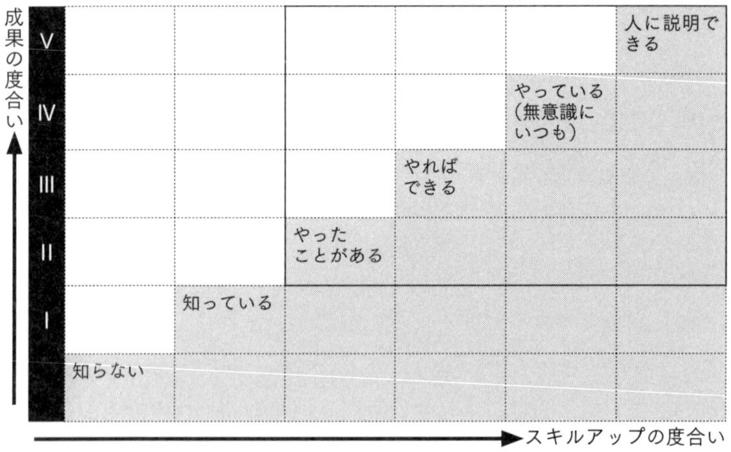

図4-7-1　成功者の思考と行動の発達モデル

　あなたの努力は当然「Ⅰ知っている」だけでは意味はなく，少なくとも「Ⅱやったことがある」以上の段階で，かつやったことを他者に伝えなければ，誰もあなたが努力していることを知ることはありません。よって価値があると思った情報を「Ⅰ知っている」と発信するのではなく，すぐにやってみて「Ⅱやったことがある」にして周囲の人に発信するように心がけましょう。そしてその価値を確認出来たら「Ⅲやればできる」，さらに「Ⅳ（無意識にいつも）やっている」状態に引き上げ，そのプロセスもどんどん周囲に発信していきましょう。すると周囲からたくさんのフィードバックが得られて，それをもとに修正・改善を繰り返すことで，その成果の質は高まり，自信を持っ

て「V人に説明できる」状態になるでしょう。そうなれば，あなたの努力を
リスペクトした人たちから学びを得たいという声が掛かり，さらにあなたよ
り優れた人と繋がる可能性も高まるでしょう。つまり，この「成果を高める
プロセス」自体を発信していけばいいのです。

どうやって発信すればいいのか

　では，どうやって発信すればいいのでしょうか。SNS とブログ，動画サイ
トの3つがあります。

1．SNS（ソーシャル・ネットワーク・サービス）

　Twitter や Facebook，Instagram，LINE などは，当初は個人と個人が繋が
るコミュニティでしたが，最近では，民間企業はもちろん，官公庁や地方公
共団体でも有効なプロモーション手段として活発に使っています。例えば，
首相官邸はTwitter や Facebook，Instagram，LINE，そして後述する YouTube
を使っています。また，下関市や神戸市，さらに東北地方の5自治体（盛岡
市・横手市・湯沢市・大仙市・仙北市）が米 Facebook の日本法人と事業連
携協定を結び，中小企業や行政を対象にした Facebook の活用セミナーの開
催や，地域の情報発信力を高める試みに着手しています。

2．ブログ

　FC 2ブログやアメーバブログ，はてなブログ，ライブドアブログ，Blogger
など，無料でブログを創ることができるサイトはたくさんあります。ブログ
も個人の日記として最初はスタートしましたが，近年では民間企業の社長や
政治家も活用して自らの意見を発信しています。近年注目されているのがnote
です。note は無料ブログサービスとして提供されていますが，他のブログ
サービスとは少し違い，クリエイターが文章や画像，音声，動画を投稿して，
ユーザーがそのコンテンツを楽しんで応援できるメディアプラットフォーム
です。中でも価格設定が自由な有料記事が書ける点と，note で話題になった
記事は，続々書籍化されている点が特徴でしょう。後述する YouTube と同じ
く，パラレルワークになり得るツールなのです。

３．動画サイト

　YouTube やニコニコ動画，TikTok なども，当初は個人の作品発表の場で
したが，最近では，民間企業はもちろん，官公庁や地方公共団体でも有効な
プロモーション手段として活発に使っています。例えば，農林水産省では，
農林水産業や農山漁村の魅力について作成した動画チャンネル「BUZZ MAFF
（ばずまふ）」があります。また，長崎県大村市役所では，大村市への移住促
進を目的に作成した動画チャンネル「BABA チャンネル（おおむら暮らし公
式チャンネル）」があります。また，横浜市が取り組む「医療の視点」プロ
ジェクトでは，自治体として全国初の連携協定を TikTok と締結し，「＃胸
キュンチェック」と題した乳がん啓発を行っています。特に YouTube は収益
を上げることができ，パラレルワークとして収入を得ている個人（YouTuber）
もたくさん生まれています。

　以上のように，従来，保守的で前例のない取り組みには腰が重いと言われ
てきた官僚や行政職員においても「自らを発信する力」は，仕事としてすで
に定着しています。みなさんが卒業して，最初に任される仕事は，たとえ公
務員であっても，SNS やブログ，動画サイトの運営である可能性はかなり高
いと思います。ゆえに，学生のうちに，SNS やブログ，動画サイトを使って
「自らを発信する力」を鍛えておくことは重要です。また，自らの成果を情報
公開することは，自らをブランディングすることにも繋がり，あなたの魅力
に興味を持つ企業団体からオファーが届く可能性もあります。さらに，就職
活動を行う時の自己 PR にもなります。人事担当者は内定を出す前に，あな
たの SNS やブログ，動画サイトを間違いなくチェックするでしょうから。同
時に「他者に閲覧されても恥ずかしくない」表現を用いる訓練に繋がり，文
章や写真，動画の使い方等の表現力を総合的に磨くことができます。

　みなさんがよく知っているアーティストである米津玄師や supercell，ジャ
スティン・ビーバー，水曜日のカンパネラ，Goose house などは，YouTube
やニコニコ動画で作品を発表し，ファンを作り，メジャーの目に留まりデ
ビューしています。街角で歌うしかなかった昔に比べれば，発信し，フィー

ドバックを得られる場があることを，活用しない手はありません。「自らを発信する力」こそ，新型コロナウイルス感染拡大防止で，自宅に籠る時間が多くてもすぐに取り組めること。コツはコンスタントに発信すること，フィードバックをすぐに取り入れて反映することです。さあ，取り組んでみてください。

（森部　昌広）

第8節 グリット（やり抜く力）

最後までやり切る根性に自信がない！

　このテーマについて考えを深めていく前に一つの質問をします。あなたは「成功するためには，才能と努力のどちらがより重要だと思いますか？」

　私たちは優秀な人物を見ると，すぐに天才だとか才能があると決めつけてしまいがちですが，例えば元プロ野球選手のイチローはどうでしょうか。イチローは自分のことを「僕を天才という人がいますが，僕自身はそうは思いません。毎日，血の滲むような練習を繰り返してきたから，いまの僕があると思っています。僕は天才ではありません。」と述べています。実際に，イチローが小学生のときに書いた作文にはこんな記述があります。「ぼくの夢は，一流のプロ野球選手になることです。そのためには，中学，高校と全国大会に出て，活躍しなければなりません。活躍できるようになるためには，練習が必要です。ぼくには，その練習にじしんがあります。ぼくは3才のときから練習を始めています。3才〜7才までは半年くらいやっていましたが，3年生の時から今までは365日中，360日はげしい練習をやっています（後略）。」。

　以上のように，イチローの成功が決して「才能」だけではなく，「努力」の影響が大きいことが分かります。それには幼少期から引退するまでの一貫した「人生の目標」や「継続的な努力」がかかわっていると言えるでしょう。言い換えれば，自分に課した試練を継続してやり遂げる「やり抜く力」と言っても良いでしょう。

　この「やり抜く力」の重要性を明らかにしたのが，ペンシルバニア大学のアンジェラ・ダックワースです。彼女は米国陸軍，企業（営業職），大学生な

どに対する一連の調査から，どの分野にも当てはまる成功する人に共通する
特徴として「情熱」と「粘り強さ」を併せ持っていることを見いだしました。
そしてこのような能力を「グリット（やり抜く力）」と呼びました。グリット
（GRIT）とは，Guts（困難に立ち向かう「闘志」），Resilience（失敗してもあ
きらめずに続ける「粘り強さ」），Initiative（自らが目標を定め取り組む「自
発」），Tenacity（最後までやり遂げる「執念」）の4つの頭文字を取った造語
です。

　先ほどイチローは，「私は天才ではない」と語っていますが，才能が全く関
係ないというわけではありません。ダックワースはそれを**図表4-8-1**のよ
うに表しました。言葉の定義を，才能は「努力によってスキルが上達する速
さ」，達成は「スキルを活用して現れる成果」とします。まず，才能は努力に
よってスキルへと開花します。言い換えれば，才能がいくらあっても努力を
しなければスキルにならない，という意味です。漫画『SLAM DUNK』の主
人公，桜木花道を思い出してください。彼は，バスケットボールは全くの初
心者なのに，一目惚れした彼女のために一心不乱に努力し，才能を開花させ
ました。動機が不純であっても，努力をしなければ才能は宝の持ち腐れにな
ることがよく分かります。そしてその身に付けたスキルも，努力によって達
成へと結び付きます。才能を開花させた桜木花道も，厳しい練習やライバル
校との敗戦など，試練を乗り越えたからこそ，インターハイ3回戦まで上り
詰めることができたのでしょう。やり抜く力の軸は「努力」であることがよ
く分かります。

図表4-8-1　才能はどうやって達成に結び付くのか？

　さて，「努力の積み重ね」が重要なことが分かりましたが，誰しもが努力の積み重ねが大変であることは知っているでしょう。試験勉強やダイエット，スポーツやダンス，将棋などなど，誰もが「努力は裏切らない」ことは知っているけど，継続することは難しい。そこでダックワースは「やり抜く力」を伸ばす４つのステップを提示しています（**図表４-８-２**）。このモデルは，米国陸軍士官学校などを調査して調べ尽くした，「やり抜く力」を持つ鉄人たちが共通して持つ特徴をまとめたもので，年月とともに１から４の要素が順番に強くなっていくとしています。

1．興味	自分のやっていることを心から楽しんでこそ「情熱」が生まれる。もちろん楽しくないこともあるが，目標に向かって努力することに喜びや意義を感じているので，「この仕事が大好きだ」と言える。
2．練習	「きのうよりも上手になるように」と，日々の努力を怠らないこと。興味を持つ分野だからこそ，自分のスキルを上回る目標を目指して練習する。また，自分の弱点を認識し，克服する努力を続ける。
3．目的	自分の仕事は重要だと確信すればこそ「情熱」が実を結ぶ。ゆえに，単に「面白い」だけでなく「他の人のためにも役立つ」と思えることが重要。「人の役に立ちたい」から努力を継続できる。
4．希望	困難に立ち向かうための「粘り強さ」であり，自分の道をひたすら歩み続ける姿勢と言い換えても良く，すべての段階に欠かせない。希望があるからこそ，何度挫折をしても立ち上がることができる。

図表４-８-２　グリットを強くする４つのステップ

　最初のステップは「興味」です。JAXA の宇宙飛行士である若田光一は著書の中でこう語っています。「私は子供の頃からずっと，強い興味の対象に向かって努力するのが好きだった。確かに努力を続けることは楽ではない。辛く苦しい時もある。一生懸命やっても目標に近づけず，軌道修正を余儀なくされることもある。だが，不思議なことに，努力が嫌だと思ったことは一度もない。一歩ずつ，少しずつでもいいから，ゴールに向かって歩み続けると，自らの成長を実感できるし，その過程でたくさんのことを学び取ることができるからだ」。やはり「興味」は，努力を継続する要素として非常に強いものであることが分かります。そして，最初に最も見つけやすいものだと思います。よって，自分が何をしている時が一番楽しいのか分かっている人は，そ

れを掘り下げてどんどん楽しさを深掘りしていきましょう。問題は，自分が何をやりたいのかが分からない人はどうするのかです。これについては落ち込む必要はありません。とりあえずいいと思ったことを，本当に興味のあることが見つかるまで繰り返すのが良いでしょう。もちろん試行錯誤することは大変ですが，社会に出てからの方が生活費はもちろん，奨学金を利用していたとしたら，その返済の分，そして家族ができればさらに「とにかく稼がないといけない」制約が厳しくなります。だからこそ比較的自由度が大きい学生時代に，興味が湧く何かを見いだすまで新しい経験を積み重ねることが重要なのです。

　次のステップは「練習」です。孫正義ソフトバンク社長（当時）はビジネスで挑戦や進化を続けるにはどうすればよいかについて聞かれ「僕が考えた，働く上での極意が幾つかある。1つは"脳がちぎれるほど考えよ"。米国に留学した19歳のころ，1日5分で1つ発明するノルマを自らに課した。1年間で250件ほど特許に出願できるようなアイデアを生み出した。そのうちの1つが音声付きの多言語翻訳機で，試作機まで作り，1億7,000万円を稼いだ。」と語っています。このように「興味」を持てることが見つかったら，自分の技術や知識をさらに高めるために，多くの時間を費やす必要があります。社会人になれば何かと時間が足りないと思ってしまいますが，使える時間の量に原因があるのではありません。「やり抜く力」の強い人たちは限られた時間を有効に使うことができるのです。例のように1日5分であっても未来志向でそれを継続することが重要なのです。一方で，興味を持つ分野だからといって長期間練習を続けることが苦にならないかと言えばそうとも言えません。そんなときはイチローや孫正義のように「習慣化」することです。そのためにはまず「いつ」「どこで」やるか決めましょう。あとは毎日同じ時間に，同じ場所で，同じことをやり続けることです。まさに「継続は力なり」です。

　3つめのステップは「目的」です。ここでいう目的とは人々の幸福に貢献したいという意思のことです。2017年，Facebook のマーク・ザッカーバーグ CEO はハーバード大学の卒業式で「目的意識を持った人生」について演説し，その中で大統領が NASA 宇宙センターを訪れた時の有名な逸話を紹介しました。大統領がモップを手に忙しく働く清掃員に賞賛の声をかけた時，

　清掃員は「いいえ，大統領閣下，私はただの清掃員ではありません。私はこのオフィスを掃除することで，人類を月に送ることに貢献しているのです。」と答えたそうです。つまり，この清掃員にとっての仕事の意味は掃除をすることではなく，NASA の一員としてより大きな目的のため働いているというものでした。このように仕事を単体の作業として完結させるのではなく，その仕事を通して，誰にどんな幸せを届けるのかを考えて取り組むことが重要なのです。この視点は，第５章第２節「新しい自己分析」でも深く掘り下げていますので，読んでみてください。

　最後のステップは「希望」です。困難があっても自分の道をひたすら歩み続けることができるのは「自分たちの努力次第で将来はよくなる」という信念があるからです。実話をもとにした映画『ソウル・サーファー』の主人公，ベサニー・ハミルトンの生き方が一つの例としてふさわしいでしょう。彼女は生まれ育ったハワイで幼い時からサーフィンに明け暮れ，コンテストでも優勝し，プロサーファーとしての将来を嘱望されていましたが，ある日，鮫に左腕を食いちぎられる大怪我を負ってしまいました。彼女は退院後リハビリしてコンテストに出場しましたが惨敗。ショックからサーフィンをやめようとしました。しかし，タイの大津波による被災地でのボランティアに加わった経験をきっかけに，彼女は，勝負にこだわるのではなく，自分が頑張っている姿を見せることで多くの人たちに勇気と希望を与えていることを知り，新たなやりがいを見いだしました。「目的」のステップで紹介した清掃員は，NASA の一員としてメンバーに貢献していましたが，「希望」のステップのベサニー・ハミルトンは，自らの努力が直接，多くの人たちに役立っている「手ごたえ」を得ている点が重要なのです。この実感を手に入れることができれば，きっと彼女のように，やり抜くことは難しくはないでしょう。

　努力を継続することはとても難しいことです。でも丁寧に「興味」から始めて，「練習」を日常化し，組織やメンバーと「目的」を共有して，「希望」の手ごたえを得ることができれば，どんな努力も辛くないでしょう。やり抜く力さえ身に付けることができれば，どんな苦難も乗り越えることができ，人生はより豊かになります。是非，今日から，取り組んでみてください。

（佐野　達）

第5章

新時代に即した新しいキャリアデザイン

第 1 節　新時代のキャリアデザイン

> ## 学びたいことをとことん学びつくすことが，将来に繋がる。

　新時代のキャリアデザインについて，本学の女子学生 A さんを紹介します。彼女は生粋の古墳オタクで，古墳をテーマとしたポップアップカフェ（古墳バル）も運営するなど，在学中ずっと古墳に「コーフン」していました。しかし，彼女は古墳の専門家や古墳バルのオーナーにならず，大手ビール会社に新卒で入社しました。一見，古墳とビールは繋がりません。そこでビール会社の面接で何を語ったのかを訊いてみました。

- 志望動機：将来，古墳バルのような飲食店を起業したいので，ビール会社の営業になれば，仕事で最先端のいろんなお店を回って，勉強できるし，人脈も創れるから（ビール会社の営業は，酒屋や小売店以外に，居酒屋やレストランも回る）。あと，そのビール会社が世界遺産認定記念ビールを出していて，そのラベルが古墳だった話をしたかな。
- 自己 PR：古墳バルの話。

　私が面接官でも，ぐうの音も出ない，古墳が軸になった完璧な志望動機と自己 PR です。まず，志望動機については筋が通っており，マニアックなビールのラベルの話をした大学生は一人もいないでしょう。自己 PR に至っては，大学生で飲食店を一定期間運営しているわけで，入社後の営業先を経験していること，そしてお店を運営することで，コミュニケーション能力はもとより，仕入れや価格設定，メニュー設計，プロモーションなど，様々なスキルを持つことが訊かなくても分かります。また，彼女は古墳バルでたくさんのマスメディアの取材を受けているので，自己 PR なんてお手のものでしょう。ある意味，（特に人文社会系の）大学生のお手本となるキャリア形成モデルで

はないかと思います。

　さて，なぜ古墳を追求するといった，一見就職には何も繋がらないテーマを掘り下げた結果，彼女のキャリアを大きく開くことに繋がったのかについて説明します。

　結論から述べます。一番大切なことは，彼女は就職活動のために古墳バルを運営したわけではなく，古墳が好きだから，という点です。好きなことを思う存分掘り下げて，結果，内発的に湧き出たキャリアを活用している。これが，新しい時代における大学生のキャリア形成。キーワードは「ゲシュタルト」です。

ゲシュタルトとは？

　ゲシュタルトとは，心理学の概念の一つ。人間の精神を，部分や要素の集合ではなく，全体性や構造に重点を置いて捉えることを，ドイツ語でゲシュタルト（Gestalt：形態）と呼びます。また，カウンセリングで用いるゲシュタルト療法は，未完結な問題や悩みに対して，再体験を通しての「今ここ」での「気付き」を得る心理療法のことです。

　2016年7月21日に開催された「Softbank World 2016」の東京大学院の松尾豊教授の講演の中で，現在進化しているAIの「画像認識」の技術について，当初「猫」は識別しやすいが，「犬」はしにくいというお話がありました。理由は簡単。猫の顔つきはどんな品種でも大体同じなのですが，犬の顔つきは千差万別だから。もちろん，ディープラーニングによって，現在ではAIも人と同じぐらいに犬の認識は可能になっています。では，私たち人間はAIでは認識が難しかった犬を，なぜ瞬時に認識できるのでしょうか。それは，私たちは，その動物の顔つきや，動き，鳴き声，息遣い，目線，匂い，肌触り，毛並み，首輪などアクセサリー，飼い主の姿格好，飼い主の目線，その動物と飼い主のやり取りなどなど，すべてを総動員（構成）して，その動物を「犬」と認識することができるからです。この「知識のかたまり」がゲシュタルトです。AIには難しい，人間だけが持つ能力であり，我々人間は「答えの無い課題」を解く時，この能力を発揮するのです。

企業が求める人材は，オタク

　2018年12月10日に放映されたTV番組『林先生が驚く初耳学』で林修は，企業が採用したいのは「オタク」だと語りました。その理由は，今まではセンター試験で全科目高得点を取るような「広く浅い」知識を持つことが重宝されてきたが，今は「広く浅い」知識はGoogleで簡単に手に入る。よって創造力が求められる今こそ「狭く深い」知識を持つオタクが必要。実際，某企業の新企画を立てるグループディスカッションにおいて，「広く浅い」知識を持つ学生同士のグループは一般的なアイデアしか出てこないが，多種多様な「オタク」で構成されたグループから新鮮なアイデアが出てきたと語りました。つまりオタクは，その分野の「ゲシュタルト」を持っているから自信を持って意見が言える。結果，様々なアイデアがぶつかり合って，画期的なアイデアが生まれたのでしょう。逆に普通の，他者の顔色を窺いながら無難なことしか言わない学生同士が話し合ったところで何もアイデアは出てきません。ゆえにこれからはオタクが大事だという指摘です。

　考えてみれば，私たち社会人は，何か「答えの無い課題」にぶつかった時，脳の中で必死にその解決方法を捻りだそうとします。そのデータベースは決して「広く浅い」知識ではなく，「狭く深い」知識から引っ張り出すはずです。もちろん，「広く浅い」知識から解決策を思いつく時もありますが，単なる「思い付き」なので自信を持って提案はできません。しかし，「狭く深い」知識からならどうでしょうか。根拠も，経験値も，人脈もある。だから自信を持って提案することができるのです。

今のキャリア教育は，もう古い？

　よく，キャリア教育や就職支援で，何をやりたいのかを考えて，今何をやるべきかを問うアプローチを用いることがあります。もちろん理工系の大学の場合，その専門分野を深めて，院に進み，修論を執筆する過程で成長しつつ，その分野の企業に入社することが本流です。専門職採用が主流の欧米の大学生も同じです。しかし，このやり方は今の時代，特に日本の人文社会系の大学生にとってはうまくいかないでしょう。なぜなら，そもそも大学での学びと進路が繋がっていなく，総合職採用ならその仕事に就けるかどうかも

不明。また，インターンシップに参加しなければその仕事が自分に合うかどうかも分かりません。ゆえに，特に人文社会系の大学生にとっては，大学は社会に出るためのモラトリアムに過ぎなく，将来を企図して大学を選んでいる学生は少数派に過ぎません。よって目標を立てて，逆算して今何すべきか考えろと言われても，途方に暮れるだけなのです。

　結果，近年の人文社会系の大学のキャリア教育や就職支援では，ハイパー・メリトクラシー，すなわち，多くの企業が求めている，コミュニケーション能力や課題解決能力など，ひどく曖昧で汎用的な力を身に付けようというアプローチに変わりましたが，問題はより複雑になりました。例えば「失敗を恐れないチャレンジ精神が大事だ」と言われても，将来の見通しが見えないのでやる気も出なく，おまけにそれらの力は授業では身に付けにくいため，アルバイトやサークル，ボランティア活動など，課外活動で獲得することになります。これではますます大学での学びと，社会とが繋がりません。

新しいキャリアデザインは，やりたいことを追求することから

　前述したAさんは，目標からの逆算から，キャリアを歩んではいません。彼女は日本全国の古墳を大学4年間で巡り，古墳グッズを買い求め，古墳の専門家と交流し，ついには古墳の魅力を世に発信するために古墳バルまでオープンしました。つまり，Aさんはすべての時間とバイト代をつぎ込んで「古墳のゲシュタルト」を獲得したのです。そして，そこで形成されたゲシュタルトから，将来の進路を考えた結果，それがたまたま大手ビール会社だったに過ぎないのです。きっと旅行会社やテレビ局，食器メーカー，調味料メーカーでもあり得たでしょう。しかしほぼすべての進路において「古墳のゲシュタルト」で説明ができます。面接で何を訊かれようが，自信を持って自分の考えを披露できるでしょう。

　だからこそ，時間を存分に注ぐことができる学生時代は，自分の学びたいことに没頭して，そのゲシュタルトを創り上げることを目指すべきなのです。もちろん，やりたいことが見つからない学生もいるでしょう。そのために大学には「リベラルアーツ」があるのです。それを「ラクタン」で履修したらやりたいことは見つかりません。また，低年次から参加できる国内外のイン

ターンシップやボランティアはたくさんあります。図書館で豊富な書籍や雑誌，DVD を無料で借りることができます。大学の掲示板にはセミナーや講演会の情報が多く掲示され，ネットで探せば，社会人との交流会も数えきれないほど見つかります。そもそも大学には様々なゲシュタルトを持つ教員がわんさかいます。「〜について知りたい」とお願いすれば，教員は喜んで教えてくれるでしょう。それも無料で。

　AI やロボットには難しい「ゲシュタルト」を創り上げる。そのために「経験学習モデル」をくるくる回し，「計画された偶発性理論」を発揮する。結果，そのプロセスで AI やロボットと協働するために必要な MELDS を身に付け，「キャリアアダプタビリティ」も獲得する。これが，新しい時代のキャリアデザインなのです。

（見舘　好隆）

第2節　新しい自己分析

過去ではなく，未来を起点にして，自分を捉えよう。

　アンジェラ・アキの曲『輝く人』に「輝く人は自分の中に必ずいると信じてる」という一節があります。輝く人とはすなわち将来自分がなり得る最大限の自分。その自分は，自分の中に「今は」いないけど必ずいる，という意味でしょう。さて，みなさんの「輝く人」は，今どこにいるのでしょうか。

　さて，　大学生なら3年生（短大生なら1年生）になってすぐ，夏のインターンシップの説明会やエントリーがスタートします。そこで一般的に行う作業が「自己分析」と「企業団体研究」です。本節ではこの自己分析について考えてみましょう。

1．自己分析は何のために行うのか？

　そもそも自己分析とは何でしょうか。就職情報サイト「マイナビ」には，「自分の特徴や長所・短所，価値観を把握・分析することで就活での強みを見いだすこと」とあります。自分の過去を整理して，自分の現在や未来を言語化するイメージでしょう。しかし，佐藤裕は著書『新しい就活』の中で，その旧来の自己分析は，ある程度未来が想像できた高度成長期であれば有効だったが，急激に変化し未来が全く見通せない現在においては不要だと指摘しています。しかしながら「あなたはどんな人なのか？」という質問は必ずあります。その時に「自分」を説明する材料として，過去を振り返り，整理して，自分を説明するストーリーを構築するだけの話であって，自分の将来とは切り分けるべきだ，という指摘です。確かに言われてみれば腑に落ちる指摘です。なぜならば，イギリスの組織論学者であるリンダ・グラットンが指摘す

る「寿命100年時代」が到来すると仮定すれば，学生が就職活動の拠り所に
している「数年の過去」は，人生のたった数％。それを根拠に自らの未来を
見通せるわけが無いことが分かります。

　よって，自己分析は「現在の自分」を他人に説明するためだけに行うストー
リーの作成に過ぎず，「将来の自分」を決めるのは危険だということを理解し
ておきましょう。なお，佐藤裕は過去を振り返る時に，「自分の意志で大きな
決断をした時の根拠」を思い出すと良いと指摘しています。進学先を選んだ
時や，恋人への告白を決意した時などでしょうか。その時の根拠は，将来入
社する企業団体を決める時の手掛かりになり得る可能性があるからです。思
い出して，メモしておきましょう。

2．あなたは，これからどうありたいですか？

　前述した通り，従来の自己分析は，過去の印象に残った出来事を取り上げ，
その理由を振り返って意味付けする発想法でした。しかしこれでは，過去を
積み上げただけで，手掛かりの一部にはなりますが，発展性はありません。
さて，そもそも就職活動中の学生に対し，企業団体の人事担当者は「あなた
の過去の成果」に興味があるのでしょうか。違います。興味があるのは「あ
なたの未来の可能性」なのです。特に急速に変化する現代社会においては，
過去の色褪せた成果よりも，未来に向かって困難に打ち負けない意志や柔軟
性を持った未来のあなたを採用したいのです。よって，新しい自己分析は，
過去や現在ではなく，未来を起点に行います。

　なお，理想とする未来の姿から逆算して現在の施策を考える発想法を「バッ
クキャスティング」と呼びます。例えば，SDGs（持続可能な開発目標）の17
の目標は，国連が「このままだと，未来の地球は大変なことになる。だから
こそ，この17の目標にチャレンジして，2030年までに達成してください。やり
方は任せるので。」と掲げています。まさにバックキャスティングですね。
逆に現在もっているリソースから考えて適度なチャレンジを設定して行う発
想法を「フォアキャスティング」と呼びます。通常，企業団体の長期的な目
標達成のプランはバックキャスティング，半年や1年などの短期の目標達成

のプランはフォアキャスティングを用います。あなたの人生のプランは，明らかに長期的な目標達成。よって自己分析もバックキャスティング，すなわち未来を起点に行うことがポイントなのです。

　一人の学生の例を挙げます。その学生は将来，商品やサービスを企画する職に就きたいと考えているとします。そして，ある自己診断のテストを受験したところ，企画力が不足しているとの結果だとしましょう。その学生はきっと，自分は企画職に適性がないのではないか，志望を変えた方が良いのではないかと悩むでしょう。しかし，それは「現在」を起点に分析しただけに過ぎず，その学生の「未来」を予測して分析しているわけではありません。そもそもそのテストの根拠になっているデータは，いつの時代のデータなのでしょうか。これだけ急速に時代が変化している中，未来の企画職で成果を出せるかを分析したわけではないのです。だからこそ，もし企画職に就きたいなら，そんな自分を想像して，そのために今，何をすべきか，考えることが重要なのです。まとめると，新しい自己分析は「フォアキャスティング」ではなく，「バックキャスティング」なのです。

3．バックキャスティングを利用した自己分析

　では，バックキャスティング発想法による自己分析の手順を説明します。
　まず，「アイデンティティ資本」という言葉があります。ウェスタンオンタリオ大学教授のジェームス・コテが提唱する概念で，「現代社会における人生のあり方が流動化・不安定化するなかで，個人が自らの人生を戦略的に構造化し，中長期的に満足のいく生活を達成するために必要とされる認知的な諸能力」を言います。その資本の具体例は，有形なものは財源，学歴，社会的報酬を受ける能力，ネットワーク，評判，地位など，無形のものは，自我の強さ，自己有能感，内部統制感，目的意識，批判的／認知的思考能力などを指します。前述した，企画職で活躍したい学生であれば，アイデンティティ資本として必要なものは，職歴，企画するスキル，そして人脈でしょうか。そして企画を批判されてもくじけない強さ，チームで活動するために必要なリーダーシップ，どれだけ辛くてもやり遂げる覚悟などでしょうか。当然，

目標である「企画職で活躍する」を達成するのであれば，それに必要なアイデンティティ資本を確保しなくてはなりません。

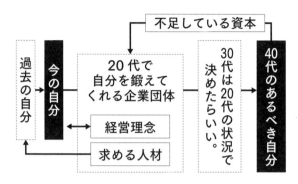

図表5-2-1　バックキャスティングを活用した自己分析

　つまり，バックキャスティング発想法による自己分析とは，まず理想の自分の未来を定めて，それにはどういったキャリアを歩めばいいのかを逆算すればいいのです。

① 40代のあるべき自分……企画職でマネージャー。斬新な企画を，チームを率いて立案！
② 不足している資本……そうなるために，今の自分に欠けているのは何か？を考える。
　有形のもの：職歴，企画するスキル，人脈
　無形のもの：レジリエンス（しなやかな強さ），リーダーシップ，やり抜く力
③ 20代で鍛える場所……できるだけ早く企画職を経験できる企業がベスト。人脈を作りたいので，様々な企業団体とコラボレーションする機会が多い企業。レジリエンスややり抜く力を鍛えるには，大企業よりベンチャーの方がいいかもしれない。リーダーシップを鍛えるためには，個人営業ではなく，システムエンジニアのようにチームで動く仕事がよいかもしれない。

④　経営理念……その会社の経営理念に共感できないと，長く働けないので，ここは重要。

⑤　求める人材……面接で私を説明するために，求める人材を押さえて，過去を棚卸して，私が求める人材であることが伝わるストーリーを作る。

　以上のように，過去の振り返りは，自分を説明するためだけに行い，それ以外はすべて未来を起点に自己分析を行うと，すっきりするのではないでしょうか。

４．理想とする未来の姿を描くワーク

　では最後に，理想とする未来の姿を描くワークをします。

図表５-２-２　シャインの３つの問い

「シャインの３つの問い」を手掛かりに

　アメリカの心理学者エドガー・シャインが提唱した３つの問いをご存知でしょうか（図表５-２-２）。

①　自分は何が得意か（CAN）

②　自分はいったい何がやりたいのか（WILL/WANT）

③　どのようなことをやっている自分に意味を感じるのか（MUST）

　この３つの問いを自分に問い掛けてイメージできたものが，今後のキャリア選択の指針になると指摘しています。図にすれば，３つの丸が重なっている部分が，理想の未来の姿において，絶対に外せない手掛かりになるでしょう。

「どうありたいか」は，WILL と MUST の交点

　しかし，この３つの問いの答えは，そう簡単には出てこないでしょう。特に難しいのは「CAN」ではないでしょうか。なぜならば，まだ学生は正社員として働いたことはなく，前述したアイデンティティ資本がまだ十分に備わってはいないから，自信を持ってできるというのは難しいからです。

では，立教大学教授の中原淳が提案する「やりたいことマトリクス」（**図表5-2-3**）はどうでしょうか。誰のためにもならない「WILL」は，孤立し，ビジネスにもならないでしょう。また，やりたくない「MUST」は，言うまでもなく長続きしません。よってこのマトリクスで狙うのは，「誰かのためになる」「自分がやってみ

	誰かのために なること （MUST）	誰のためにも ならないこと
自分が やってみたい こと （WILL）	狙うは ここ！	独りよがり ゾーン
自分は やってみたく ないこと	長続きしない ゾーン	ぺんぺん草も 生えない 不毛ゾーン

図表5-2-3　やりたいことマトリクス
（中原　淳）

たい」こと，つまり「MUST」と「WILL」の交点なのです。言葉にすれば，「どうありたいか」。経営学者ピーター・ドラッカーも，MUSTを最優先に考えるのがいい，なぜならば，将来的に期待されるであろう「なされるべきこと」を意識すると，いま不足している能力が見えてくるからだと指摘しています。

　具体例を挙げてみましょう。私の授業で，NHK「あしたをつかめ　平成若者仕事図鑑」の漫画編集者の回を視聴し，実際にその仕事に就きたいと思ったか，思わなかったか，またそれはなぜかを聞いてみました。結果，この仕事に就きたいと思った人の中でも，漫画家と一緒に作り上げることに喜びを見いだす人もいれば，読者に幸せを届ける，誰かを支える，作家に寄り添うといった「MUST」に魅力を感じている人がいる一方で，仕事自体は楽しそうでやってみたい，でも仕事の量が多そう，漫画家に対し修正やダメ出しができるか心配など，仕事そのものがやりたい（WILL）か，という点にこだわった人もいました。このように，やりたいと思った職業であっても，その仕事のやりがいの中に，「MUST」と「WILL」が共存できるかが重要であり，もし，「MUST」が欠けていれば，漫画家と二人三脚で仕事はできない，もしくは読者の気持ちを配慮できなくて売れないことになりかねません。また，「WILL」が欠けていれば，当然長続きはしないでしょう。

　ゆえに，自分がやりたいことを考える時には，「誰のためになるのか」を必ずセットして，「自分はどうありたいか」と考えてください。例えば，仕事を

通してもっと女性が活躍できる世界にしたい，子どもたちに夢を与えたい，日本の素晴らしさを世界に伝えたい，殺処分される犬や猫をゼロにしたいなど。自分のやりたいことをやって，かつ誰かに感謝された時，初めて仕事に「やりがい」を感じることができるのですから。

（牛山佳菜代）

第3節　新しい企業団体研究

企業に選ばれるよりも，企業を選ぼう

　就職活動を経験した学生に，その活動で一番大変だったことを聞くと，多くの学生が「企業選び」を挙げます。なぜでしょうか。日本にある企業は，約386万社（総務省統計局2016「経済センサス」）。みなさんがもし，卒業後民間企業へ就職するのであれば，この中から自分の興味のある企業を絞り込んでいくことになります。そこで必要となるのが「自己分析」と「企業団体研究」です。「自己分析」については，前節で未来を起点に考えることをお伝えしました。では「企業団体研究」はどのように行うべきでしょうか。これまでは，まず各業界のビジネスがどのような仕組みで成り立っているのかを大まかに把握した上で，興味のある業界の概要と職種を調べて，その業界の中から企業を絞っていく方法がオーソドックスでした。しかし，新しい技術やサービスが次々と開発され，企業を取り巻く環境が目まぐるしく変化し，業界という枠組みも曖昧になってきました。例えばサイバーエージェントは従来，インターネット専門の広告会社でしたが，現在では「AbemaTV」や「アメーバブログ」などメディア事業，そしてゲーム事業も手掛けています。Amazonも従来はネット販売からスタートしましたが，現在では動画や音楽配信，さらにクラウドストレージサービスも提供しています。九州旅客鉄道（JR九州）も，コロナの影響を受けていない2019年3月期においても運輸サービスは営業収益の41%に過ぎず，流通・外食が24%，建設が21%，駅ビルや不動産・ホテルが20%です。さらに，コロナショックの中で，積極的に新事業を展開しようとしている企業も出てきています。よって，業界からアプローチすることはあまりお勧めできません。

　そこで本節では，企業を取り巻く環境変化を捉えた上で，自分らしいキャリア形成を行うための企業団体研究の方法について解説します。

1．企業を取り巻く環境変化を捉える

　企業を取り巻く環境は大きく変化しています。**図表5-3-1**に5つの視点でまとめてみました。みなさんが興味を持つ企業団体にとって，これらの要因は多かれ少なかれ影響を与えているはずです。例えば旅行業界であれば，新型コロナウイルス感染拡大によって海外渡航は一切できなくなり，海外旅行とインバウンド（訪日外国人旅行）の売上はほぼゼロに，国内旅行も自粛で売上は伸びませんでした。結果，国内大手旅行48社の7月の総取扱額は前年同月と比較して，海外旅行98.8％減，インバウンド96.6％減，国内旅行78.4％減で，合計87.4％減となりました。特に海外旅行の売上が大きかったHISはダメージを受けました（97.1％減）。以上のように，企業団体を研究する時には，必ずその企業を取り巻く環境変化を捉える必要があるのです。

人口減少	2065年には総人口が9,000万人を割り込み，高齢化率は38％台の水準になると推定されています（厚生労働省）。既存サービスの国内市場における売上の減少や生産年齢人口の減少は不可避です。
働き方改革	バブル崩壊およびリーマンショックを経て，終身雇用や年功序列制度の崩壊が進み，新卒で入社した企業団体に定年まで勤めるキャリアプランは既に描けなくなっています。同時に，働き手が減る以上，特に女性の活躍を阻害していた育児や介護との両立など，働き手のニーズの多様化に対処しなければなりません。
Society 5.0	AIやロボットを活用したDXの推進，特にRPAやリモートワークの導入が重要な課題になっています。例えばRPAは一般事務職のリストラを目的にするのではなく，その人材を，SDGsを視座にした新規事業に割り当てることが重要。リモートワークもコロナ対策やオフィス賃料・交通費の削減のみならず，通勤や残業時間の短縮，さらに育児や介護の両立など人に貢献する「働き方改革」に繋げることが必須です。
グローバル化	内需の減少が否めない以上，海外展開はもちろん，働き手不足を補う外国人労働者の活用，インバウンド（訪日外国人旅行者）への対応も大きな課題となっています。

コロナショック	感染拡大を防止することだけを意識するのではなく，オンライン販売の強化や，小売店におけるルーチンワークの自動化（レジや棚卸，発注など）や工場における IoT 導入による改善（作業効率 UP や不良品の削減など）など，逆にコロナが DX の導入を推し進めたと考えることが重要でしょう。

図表5－3－1　企業団体を取り巻く環境変化についての5つの視点

2．IR 情報を読み込む

　web サイトを読み込み，会社説明会に参加して，配布された会社案内を読み込むことは，どんな学生でも行っているでしょう。しかしこれらは，採用広報を意図して作られた情報であり，批判的に考えれば「いいこと」しか伝えていない可能性があります。特に web サイトや会社案内は「古いこと」しか載っていない可能性も否めません。みなさんが知りたい，本当の姿を研究するにはどうすればいいでしょうか。

　そこでお勧めする方法は，IR 情報を読み込むことです。IR とは，インベスターリレーションズ，つまり上場企業が投資者向けに財務など様々な情報を開示している情報です。具体的には，有価証券報告書，決算短信，決算説明会資料などで構成されます。上場企業のホームページを見ると，「株主・投資家のみなさまへ」というページがあり，そこにまとめて掲載されています。このページには，企業の数字目標，統合報告書の中の非財務目標，CSR（企業の社会的責任）への取り組み，有価証券報告書の事業リスク，代表者のメッセージなどかなり広範な情報が掲載されており，経営者の考え方や企業がリスクにどのように対処しようとしているのかを知ることもできます。会社説明会に参加する学生と，株主総会に参加する株主，どっちが厳しい視点を持って参加しているか，考えてみれば分かると思いますが，株主は自分のお金を投資していますので，曖昧な説明では納得しません。前年と比べて各事業の売上や利益はどうだったのか，上がったならその理由は何か，下がったなら理由はもちろん今後どうするのかについて，厳しく納得するまで質問をするでしょう。そこで株主が納得しなければ，株は売り払われ，株価は下がり，その企業団体の資産価値も下がってしまいますから大変です。よって，IR 情報はかなり細かく，前年との比較と，その結果に基づく今後の戦略が書かれ

ています。

　なお，非上場企業や官公庁，地方公共団体の場合は，IR情報はありません。どうすればいいのかについては，**図表5-3-2**にまとめましたので，チェックしてください。

民間企業	上場	webサイトの「IR情報」を読み込む。
	非上場	webサイトの社長メッセージや経営理念，社史，プレスリリースを読み込んで，社長が何を目指し，会社全体で図表5-3-1の課題に対してどんな戦略を立てているのかを類推する。また，社長のインタビュー記事をネット検索で見つけるか，図書館にあるビジネス情報誌や業界紙などで探してください。
官公庁や地方公共団体		公共団体にはもちろんIR情報はありませんが，税金をどんな目標に向けて何に対しいくら使ったかは公表する義務があります。例えば北九州市であれば，webサイトの「市政情報」の「市長の部屋」に市長の考えが，「構想・計画」に計画や予算，使ったお金などが書かれています。 また，地域経済分析システム（RESAS）をチェック。産業構造や人口動態，人の流れなどの官民ビッグデータを集約し，可視化するシステムで，実際に自治体職員や地域の活性化に関心を持つ人が効果的な施策の立案・実行・検証のためなどに広く利用しています。経済産業省・内閣官房提供。

図表5-3-2　企業団体を本気で研究する時に読むべきところ

3．戦略を探る

　企業団体の戦略を捉える際には，先人たちが作ったフレームを下敷きにして考えると分かりやすいと思います。例えば，アメリカの経営学者フィリップ・コトラーは企業の地位をマーケットシェアの大小から4つに類型化し（リーダー，チャレンジャー，フォロワー，ニッチャー），その競争地位に応じた戦略目標を提示しています（コトラーの競争地位戦略）。さらに慶應義塾大学名誉教授の嶋口充輝は，相対的経営資源の量と質から企業の類型化を行い，コトラーが類型化した4つのポジションごとの戦略を整理しました（嶋口モデル）。以上の理論を踏まえて，各企業団体がどのような戦略を取っているのか，IR情報を読み解きましょう。**図表5-3-3**にまとめましたので，活用してください。

	ポジションと戦略目標	市場目標	基本方針	質	量
リーダー	最大のマーケットシェアを持ち，業界を牽引する主導的立場にある企業。自社のシェアの維持，増大のみならず，市場全体を拡大させることが戦略目標。	最大シェア 最大利潤 名声・イメージ	全方位	高	大
チャレンジャー	業界で２，３番手に位置づく大企業で，リーダーに挑戦しトップを狙う企業。リーダーの弱点をつくなどしてシェアを高めることが戦略目標。	市場シェア	差別化	低	大
フォロワー	業界で２，３番手に位置づく大企業だが，トップを狙わずに競合他社の戦略を模倣する企業。製品開発コストを抑えて高収益を取ることが戦略目標。	生存利潤	模倣	低	小
ニッチャー	シェアよりすきま（ニッチ）市場で独自の地位を獲得する企業。価格帯や販売チャネルなどを限定し，専門化することで収益を高めることが戦略目標。	利潤 名声・イメージ	集中	高	小

図表５-３-３　コトラーの競争地位戦略と嶋口モデル

４．強みを探る

　戦略が分かったら，次は企業の強みを探っていきます。様々な分析モデルがありますが，ここでは代表的な３Ｃ分析とマーケティングミックス（４Ｐと４Ｃ）を紹介します。３Ｃ分析とは，その企業が戦略を立てる時に，自社の顧客や競合，強みを正しく把握するモデルで，ビジネス・ブレークスルー大学学長の大前研一が提唱しました（**図表５-３-４**）。マーケティングミックス（４Ｐと４Ｃ）も，その企業が戦略を立てる時に，競争の武器のどれを使うべきかを検討するモデルで，ハーバード・ビジネススクール教授のＥ・ジェローム・マッカーシーや，経営学者のロバート・ラウターボーンが発案しました（**図表５-３-５**）。おすすめは，まずは研究したい企業団体のライバルをピックアップし，３Ｃ分析の顧客を比較しながら，そして自社の強みをマーケティングミックスで比較すると良いでしょう。前項の競争地位戦略と重ねれば，よりその企業団体の強みが浮き彫りになるでしょう。

Customer：顧客	市場の規模, 顧客特性（セグメント）, 市場の成長性, 各種のニーズ, 購買過程など
Competitor：競合相手	競合相手の技術動向や製品・サービスの価格帯, 生産・販売・財務・技術開発など
Corporation：自社	自社の市場地位, 収益性, 評判やブランド, 生産・販売・技術開発など

図表5-3-4　3C分析（大前研一）

Product：製品, サービス, 品質, デザイン, ブランドなど	Customer solution：顧客が抱える課題の解決
Price：価格, 割引, 支払条件, 信用取引など	Customer cost：顧客が支払う費用
Promotion：プロモーション, 広告の種類, ダイレクトマーケティングなど	Convenience：顧客にとっての購買利便性
Place：流通チャネル, 輸送, 流通範囲, 立地, 品揃え, 在庫など	Communication：顧客へのコミュニケーション

図表5-3-5　マーケティングミックス（マッカーシーの4Pと, ラウターボーンの4C）

5．経営理念を腑に落とす

　その企業がなぜ存在するのか。その思いに共感できるか。これが最も重要な企業団体研究と言えるでしょう。なぜならば, それに共感できれば, 社長が示す方向性に同意でき, 上司からの指示も理解でき, 同僚同士が助け合うこともできます。よって, どんなに辛い仕事でも頑張ることができるのです。webサイトに「経営理念（あるいは企業理念, ミッション。ウェイとも言います）」が必ず掲載されていますので,「ビジョン（その企業の目標）」や「行動指針（従業員の規範となる行い。クレドとも言います）」, そして社長メッセージも, 必ず目を通してください。

　以上, 企業団体研究の基本を示しました。これらをしっかり行った上で, 是非会社説明会に行ってください。きっと質疑応答の時に自信を持って挙手して質問できるでしょう。また, 会社や店舗見学, OBG訪問の時にも, ピントが合った質問ができるでしょう。結果,「あの学生はしっかり理解してい

る」と評価され，内定取得に一歩も二歩も近づくことができます。是非実施
して，ライバルに差を付けてください。

（**牛山佳菜代**）

第4節　新しいインターンシップ対策

オンラインのデメリットを克服して，メリットを活かそう。

　「学生が在学中に自らの専攻，将来のキャリアに関連した就業体験を行うこと」と1997年の三省合意文書（2014年一部改訂。文部科学省，厚生労働省，経済産業省）でインターンシップは定義されています。

　では，就業体験ならアルバイトでも良いのではないか？と学生の方は思うでしょう。アルバイトとインターンシップは何が違うのでしょう。

　企業の中にはたくさんの仕事があります。アルバイトは，その中の「単純な仕事」「ルーチンワーク」を一つか二つ有償で（時給，日給などで）提供しているにすぎません。ゆえに色々な経験をさせてあげたいというよりは「それだけやってくれたらいい」仕事なのです。対してインターンシップは，キャリア教育の一環として，企業や学校関係者が協議して，原則アルバイトの仕事ではなく，新卒で入社する正社員が行っている仕事から切り出して実施します。もし，アルバイトの仕事をインターンシップとして無給でやらせたら，最低賃金法に違反することになります。

インターンシップのタイプ（図表5-4-1）

① ダイレクト型

　学生が自分で探した企業でインターンシップをするパターンです。リクナビなど就職情報サイトやその企業団体の公式 web サイトで探します。自ら探して応募しますので，やる気の高い他の学生との交流が強いられるため，自分を鍛えるいい機会になるかもしれません。もちろん，内容がアルバイトと同じだったなどがっかりするケースもあり得ますので，しっかりと見極めま

しょう。

② 教員トライアングル型

　教員やキャリアセンターが開拓するパターンです。学内の掲示板やグループウェアに掲示されます。多くの場合，事前・事後学習がセットされ，参加中は日報を記入し，担当者にハンコをもらうことが多く，単位が付くケースもあります。なお，ゼミで紹介されるケースもあります（リクルーター採用）。

③ 外部団体トライアングル型

　商工会議所や経済団体，地域のNPO などがコーディネートするパターンです。ETIC や G-net，九州インターンシップ推進協議会など。海外インターンシップを提供するアイセック・ジャパンなどがあります。

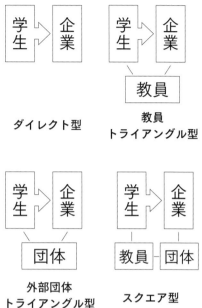

図表5-4-1　インターンシップのタイプ

④ スクエア型

　教員と団体がコーディネートした企業で実習。学校から離れた地域の外部団体に教員や大学が依頼して設計するケースです。

　では，2020年の夏休みにインターンシップ（スクエア型5日間）に参加したSさんの例を紹介します（図表5-4-2）。新型コロナウイルス感染拡大防止のために，この年はZoom などの web 会議ツールを使用し，企業の担当者や他の学生とオンラインで対話し，課題を自宅で取り組むオンラインインターンシップが増え，本ケースもそれに該当します。

	午前	午後
1日目	担当者やプログラム紹介 自己紹介 会社説明会	インターンシップの目的確認，目標設定 講義「営業の魅力とは」，アイスブレイキング 営業活動のロールプレイング（以下，RP）の班分け 担当商材の決定，Twitter アカウント作成
2日目	1分間スピーチ チームビルディング	RP 体験と評価，フィードバック，グループディスカッション 講義「営業成績 UP のために①」，自己分析ワーク
3日目	1分間スピーチ，社員との座談会 講義「就職活動について」 グループディスカッション	社員との座談会，講義「営業の仕事について」 RP の練習，講義「営業成績 UP のために②」 プレゼンテーション資料作成
4日目	1分間スピーチ，RP の練習 プレゼン資料作成	プレゼン資料作成，プレゼンテーション大会 自己分析ワーク
5日目	1分間スピーチ，Twitter 更新 ペアで RP 大会	ペアで RP 大会（続き），自己分析ワーク 講義「営業成績 UP のために③」，表彰，まとめ

図表5-4-2　オンラインインターンシップ（5日間）の例

　オンラインか否かに関わらず，インターンシップには**図表5-4-3**の6つの要素があります。Sさんが参加したインターンシップは，ビジネスゲームを除きすべて網羅されています。

企業団体の理解	初日に説明会が設定されます。また，随所に講義が行われます。
参加学生同士の 信頼関係構築	学生同士が馴染む機会があります。 自己紹介やアイスブレイキング，チームビルディングなど。
社員や職員との 信頼関係構築	社員や職員と交流する機会があります。 座談会以外に，ランチを一緒にとるケースもあります。
仕事体験	実際の仕事を切り出して体験する，社員や職員の仕事の現場に同行する，架空の仕事をシミュレーションする（ロールプレイング）など。
ビジネスゲーム	新入社員研修でよく行われる，報連相など社会人マナーを習得する，仕事で使うマーケティング理論などを理解するゲームなどを体験します。
課題解決型学習	提示された課題を他の学生とチームを組んで取り組みます。概ね初日に課題提示，最終日に最終プレゼンテーション，そして評価やフィードバックがあります。

図表5-4-3　インターンシップの内容

　なお，オンラインインターンシップのメリットを**図表5-4-4**にまとめました。特に大企業や有名企業のインターンシップは大都市圏に多く，地方の学生にとっては交通費と宿泊費が掛からない点は非常に大きなメリットでしょう。また，他のインターンシップの掛け持ちもしやすく，自宅からなので気軽に参加できる点もオンラインインターンシップのメリットとして大きいでしょう。これらは主催する企業団体にとっても開催する手間やコストを削減することになるため，コロナ後もオンラインインターンシップは開催されると思いますので，是非探してみてください。

1．場所を自由に選べて，交通費や宿泊費が掛からない。天候にも左右されない
2．毎日通勤するなど束縛されない。勉学やバイト，他のインターンの掛け持ちもしやすい
3．自宅からの参加なので緊張しない
4．コストがかからない分，企業規模や知名度にこだわらず気軽に参加できる
5．デスクトップはもちろん，手元に書籍など資料をたくさん用意できる

図表5-4-4　オンラインインターンシップのメリット

　しかし，オンラインインターンシップにはデメリットもあります。この視点は，オンラインか否かに関わらず，質の高いインターンシップを選ぶ上でも重要になります。

1．表情が読み取りにくい

　Sさんもカメラ越しだとリアクションを大げさにしないと伝わらないなど，苦労したそうです。オンラインインターンシップの最大の弱点と言っても過言ではないでしょう。よって参加する学生は品質の高いカメラを用意する，マイクもヘッドセットにする，室内の照明を明るくするなど，工夫をしてください。また，web会議ツール以外のコミュニケーション（携帯電話やメール，slackなど）も活発に行うことが重要でしょう。

2．社内の雰囲気が分からない

　Sさん自身，その企業の社内の雰囲気を感じる機会がリアルに比べて少なかったので，入社したいかどうかははっきりしなかったようです。つまり，リアルと同じ会社説明会では，マイナスのまま。よって，様々な手段を用いてそのマイナスを埋める努力をしている，例えばカメラを手に取って職場案内をしてくれるようなインターンシップを選ぶべきでしょう。

3．社員や他の学生に頼りにくい

　Sさんもプレゼン資料を作る時，リアルであれば周囲にいる社員にすぐに聞けば分かることが，オンラインだと聞きにくかったと語っていました。これは協働する他の学生同士も同じです。授業などを通して，普段から web 会議ツールに慣れておくこと，そして1と同じく携帯電話やメール，slack など を積極的に併用して，今行っている作業が間違っていないかをタイムリーに確認し，改善点があればすぐに改善することが重要です。

4．オフタイムの交流が無い

　リアルのインターンシップでは，ランチタイムや休憩中，インターン終了後における，社員との交流や学生同士の交流があります。しかし，オンラインインターンシップにはありません。これは1〜3の問題にも繋がります。特に他の学生との交流機会は，就職活動の情報共有はもちろん，ストレス発散の機会としても価値が高いと思います。よって，社員や職員との交流機会ができるだけ多いインターンシップを選びましょう。また，学生同士でインターンシップ以外の時間に web 会議ツールを使って雑談をする時間を作るようにしましょう。

5．セルフマネジメントが難しい

　自宅から参加できるメリットは，裏を返せば，オンとオフの切り替えが難しいことにも繋がります。誰もそばにはいないので，いつでも手を抜くことができます。しかし，これは将来，社会人になってからもリモートワークで陥る，避けられない問題です。セルフマネジメントについては第4章第1節

で詳しく解説していますので，読み込んでください。

　Ｓさんは５日間のオンラインインターンシップの最終日に，社員から「野
心あふれる夢を公言し，目標に向かって努力している姿勢が伝わった」と評
価をいただいたそうです。つまり，彼女は前述した５つのオンラインインター
ンシップのデメリットを乗り越えることで，カメラ越しでも交流できるコミュ
ニケーション能力や，オンラインでも社内の雰囲気を読み取る力（不足して
いるなら自ら要求するなど），社員や他の学生に積極的に働き掛ける力，イン
ターンシップ以外の時間も使って社員や学生と交流機会を作る力，そして，
自らの学習意欲を維持する力を身に付けることができたのです。
　言うまでもなく，オンラインのデメリットは社会人になっても同じです。
web 会議ツールを使った入社研修を受講する，営業活動をオンラインで行う，
自宅でリモートワークを行うなど，オンラインならではのデメリットはずっ
とついて回るのです。だからこそ，学生時代にオンラインインターンシップ
にあえて挑戦し，オンラインならではの課題を乗り越える経験をすることは，
とても価値が高いと言えるでしょう。
　なお，インターンシップは低学年でも参加できます。積極的に探して挑戦
してください。

（永川　幸子）

第5節　新しい面接対策

> ## 新しい時代だからこそ，AIにはできない力をPRしよう。

　DX，さらに新型コロナウイルスによって，採用活動の選考にAIの活用が進んでいます。ロボットが面接官になる日も近いのかもしれません。最初に書類選考や適性検査に対するAI活用に触れたのち，今後の「オンライン面接」および「対話型AI面接」，そして「デジタル面接」の対策を述べていきます。

書類選考のオンライン化・AI活用

　インターネットが普及する前の就職活動は，企業の人事部に電話して宛先を確認し，資料請求のハガキを書くか，リクルートなどが発行した就職情報誌に添付されていた資料請求ハガキを送って返信を待ち，まず会社説明会に行くしか手段がありませんでした。しかし，インターネットが普及して，リクナビなど就職情報サイトで簡単にオンライン応募ができるようになったため，応募者が激増し，全員を受け入れる会社説明会を実施できなくなりました。結果，参加者を絞る必要が生まれ，「エントリーシート」が登場し，書類選考が一般的になりました。とは言うものの，人気企業であれば何千枚にもなり一苦労。この作業を，AIを活用してRPA化する企業が近年増えました。仕組みは，過去の応募者のエントリーシートをAIに学習させ，学生の使用したキーワードと企業側の求めるキーワードに合うかスコア化し，合否の手掛かりにしています。例えば，マイナビと三菱総合研究所が開発した書類選考ツール「PRaiO（プライオ)」は，過去のエントリーシート等の応募情報の文章データや選考情報（合格，不合格，説明会参加など）をもとに，その企業

オリジナルの診断モデルを構築し，そのモデルによりエントリーシートを分析し，5 段階で評価し，優先度を診断します。なお，剽窃診断（コピー＆ペースト）機能もあります。

筆記試験や適性検査のオンライン化・AI 活用

　筆記試験や適性検査もオンラインで実施するケースが増えています。これもインターネットの普及で応募者が増えた結果，会場費や運営する人件費，さらに採点する手間が大幅に増大。結果，オンライン化していくことは自然な流れです。さらに新型コロナウイルス感染拡大防止のために，ますます需要が高まるでしょう。例えば，Institution for a Global Society が提供する「GROW（グロー）360」は一般的な適性検査に加えて，友人などに依頼する360 度評価や，スマホをタップする時の指の動きや時間といったデータも活用して人材評価をします。こうやって集めた情報は，入社後の評価にも紐づけして AI で分析し，さらに適性検査の精度を上げていく仕組みになっています。

面接のオンライン化・AI 活用

　そもそも Skype や LINE，Facebook など動画を使ったコミュニケーションツールや，近年なら Zoom など web 会議ツールを使ったオンライン面接自体は，例えば海外留学中の学生が日本にいる人事担当者と面接する，日本にいる大学生が海外インターンシップ先の担当者と面接するなど，物理的に会えない場合は一般的に行われていました。よって，Wi-Fi が普及し，さらに新型コロナウイルス感染拡大防止を考えれば，最終以外はオンライン面接でというのも当然の流れと言えるでしょう。ただし合否を判定することだけは AIでは無理だという考えが一般的でしたが，近年では「対話型 AI 面接」も始まっています。さらにパソコンやスマートフォンのカメラ機能を利用して自らの面接動画を収録し，相手先企業に送る「デジタル面接」という非対面型選考が登場しています。

　では，オンライン面接と，対話型 AI 面接，デジタル面接の対策について述

べます。

① オンライン面接対策

Zoom 等を使ったオンライン面接対策ですが，基本的な部分はリアルな面接の対策で問題ありません。また，第2章図表2-2に「オンラインでのコミュニケーションで印象をアップさせるコツ」をまとめています。ここではオンライン面接ならではの対策を記します。

ネット環境を整える

就職活動が始まったら，自宅の Wi-Fi 環境はしっかり整えてください。ここはケチってはいけません。また，マンションなど集合住宅の場合は，時間帯によって混雑する時がありますので，より安定して接続が可能な，ルーターから LAN ケーブルで直接接続する準備もしておくと良いでしょう。使っているノートパソコンに LAN ケーブルをつなぐコネクタがあるかどうか，なければ USB で接続する有線 LAN アダプターを買ってください。

スマホよりノートパソコンを使う

スマホを使うか，ノートパソコンを使うか。それぞれのスペックによりますが，一般的にはノートパソコンの方が CPU 等の処理速度が速く安定しているので良いでしょう。また，オンライン授業で体験済みだと思いますが，web 会議ツールにはホワイトボードやグループワーク，チャット，パワーポイントや動画ファイルの共有など様々な機能があり，インターンシップや就職活動でそれらの機能を使う可能性もあります。よって基本，面接もノートパソコンの方が良いでしょう。ただ，カメラはノートパソコンに付属しているカメラより，解像度が高い web カメラを用意した方が面接官の心証が良いかもしれません。

背景や照明，服装など

基本，第2章「オンラインでのコミュニケーションで印象をアップさせるコツ」で書いている通りですが，面接の場合，自己 PR したいものを見せることも考えて良いかもしれません。せっかく会社の会議室ではなく，自宅での面接なのですから，ポートフォリオ（成果物）を背景に置くなど，検討してみましょう。

PREP 法を徹底的に使う

　これはリアルの面接でも同じことなのですが，話す内容をより分かりやすく話した方が，当然，評価がよくなります。よって，第4章第4節で解説した PREP 法を徹底的に使ってください。特に対話型 AI 面接の場合，AI は「企業が求める力」を培った経験があるかどうかで合否を決めるので，初めて聞く人でも簡単に理解できる言葉で，その力を身に付けた物語を話すことを，いつも以上に心掛けましょう。もちろん，聞き取りやすい大きな声で，語尾もはっきりと話すようにしてください。

② 　対話型 AI 面接対策

　面接官が AI なので，融通が利かない点を除けば，原則，オンライン面接と対策は変わりません。対話型 AI 面接の具体例を一つ挙げましょう。タレントアンドアセスメントが開発した「SHaiN（シャイン）」は，世界初の対話型 AI 面接サービスです。具体的には，あらかじめ設定された質問で7つの資質（バイタリティ，イニシアティブ，対人影響力，柔軟性，感受性，自律独立性，計画力）を，さらに可視的な行動に関するデータを収集し，4つの資質（インパクト，理解力，表現力，ストレス耐性）を測定しています。AI に設定された質問としては，従来の面接官が確認したいことを測る質問，例えばイニシアティブ（前向きさや自発性，創意工夫など）であれば「学生時代に挑戦した難しい課題に対し，どんな工夫をして乗り越えましたか？」，計画力（段取りや目標設定，時間管理など）であれば「学生時代に長期間努力して取り組み，成果を出したお話をしてください」などが推定できます。また，可視的な行動なら，声の大きさや表情，姿勢，相づち，ボディランゲージなどで測定すると推定できます。いずれにしても，結局は相手が AI でも人間でも面接の内容が変わるわけではありません。逆に24時間365日対応できることや，複数の面接官の場合に起こる客観性の欠如や評価のバラつきが無い点などメリットは多く，質がより高まり，価格が下がれば，特にフィルタリング要素が強い一次面接への導入は一気に進むかもしれません。

　しかし，人間の面接官とは違い，AI 面接官には絶対できないことがあります。それは人間の面接官（一部出来ない人間の面接官もいるかもしれませ

が）ならではの，学生への心配りではないでしょうか。例えば，学生の緊張を解いてくれる，少しミスしてもリカバリーさせてくれる，学生の様子を見て質問の仕方を調整するといった配慮です。AIには現在のところ不可能です。結局は，オンラインの適性検査のように，あらかじめアルゴリズムで決まった質問をし，学生の回答や視覚情報をデータ化し，分析をしているだけに過ぎないのですから。

③　デジタル面接対策

　これもオンライン面接と大差はありません。あるとしたら動画編集の技術の差でしょう。そもそも，インターネットが普及する以前から，写真やイラストなどを自由に使って自らを表現する選考はありました。しかし近年，インターネットの回線速度がアップしたこと，また，学生自身もYouTubeやTikTokで動画編集をする機会が増え，面接動画を作って送ることの敷居が下がって増えただけです。企業にしてみても，動画なら，365日24時間受付ができ，閲覧も可能です。双方にメリットがある方法と言えるでしょう。

　動画編集についてはここでは触れません。SNSやブログ，動画サイトで，作り方やコツはたくさん見つけることができると思います。大切なことは，あなたを最も分かりやすく伝えるにはどうすればいいかを考えることだと思います。編集に凝るのもいいですが，撮影する場所や，服装などの方が大事かもしれませんよ。

（永川　幸子）

　以上，新しい時代の自己分析，企業団体研究，インターンシップ，面接について語ってきましたが，本質は，この本のテーマである，「**学生生活すべてを活用して，新しい時代をサバイブするスキルや態度を培うこと**」をやったかどうかに尽きるでしょう。

　第1章「新時代に際して」で記した，現在の日本や世界が，どんなパラダイムシフトの渦中にいるのかについて，いつもアンテナを張っておいてくだ

さい。キーワードは Society 5.0，働き方改革，with コロナなど。

　第2章「新時代に使いこなすべきツール」で記した，新時代に使いこなすべきツール（web 会議システム，クラウドストレージ，ビジネスチャットツール，オンラインセミナーやサロン，SNS，動画共有サイト，コワーキングスペースなど）については，可能な限り使えるようにしてください。オンラインインターンシップやオンライン面接では，コロナが収束してもメリットがある以上，引き続き活用されると思いますし，社会に出てからもリモートワークは体験することになるでしょう。

　第3章「重要な5つのキャリア原則」で記した，新しい時代を生き抜くために押さえるべき5つの原則（MELDS）は，いかなる時代でもぶれずに必要となる土台です。マインドセットはいつも成長思考で，新しい仕事に挑戦できることを楽しみ，多様な人々と協働するリーダーシップをいつも意識して，課題解決に必要なデータをどうやって集めて AI を活用するかの視点を絶えず持つように心がけてください。

　第4章「新時代に必要な8つのスキル」で記した，8つのスキル（セルフマネジメント，経験から学ぶ力，問いを立てる力，ロジカルシンキング，クリエイティブシンキング，異文化理解力，自らを発信する力，グリット）は，それぞれ日常生活でも実践しながら身に付けることができます。まずは興味があるスキルや得意なスキルから身に付けることを楽しんでください。

　本章「新時代に即した新しいキャリアデザイン」はその成果に過ぎません。しかしながら，できることは「やり抜いて」ください。オンラインが主流だからこそ，先輩訪問や店舗訪問など，リアルの現場に足を運んで一次情報を得ることも忘れずに。そのプロセスこそが，今に全力を尽くすあなたを PR することになるのだから。

おわりに

　ドラマ『チャンネルはそのまま！』をご存知でしょうか。『週刊ビッグコミックスピリッツ』で連載された佐々木倫子の漫画を，北海道テレビ放送（HTB）の開局50周年記念として実写化した作品です。あらすじは，札幌にあるローカルテレビ局の新人記者・雪丸花子がトラブルを連発するが，なぜか結果的に彼女の行動や姿勢が周囲を巻き込み，スクープや感動を生み出す物語です。

　この作品に本書のメッセージが特に3つ，重なると思いました。

　一つ目は，主人公の「**先入観を持たず，真摯に諦めず，最後までやり切る姿勢**」です。雪丸花子は仕事が遅く，ニュース原稿も誤字脱字だらけで，周囲のスタッフを毎日かき回しますが，彼女はいつも一生懸命に努力しているので，周囲もついついフォローアップ。結果，彼女はトラブルを起こしつつも前例を覆すことを連発することになり，それがきっかけになって，スクープや魅力的な報道へと繋がっていきます。

　二つ目は，主人公が引き起こすトラブルに巻き込まれる周囲の人々の「**トラブルをチャンスに繋げるしなやかさ**」です。新人が引き起こすトラブルに毎日呆れ，特に上司は毎日彼女を叱っているのですが，なぜか周囲の人々は彼女を見放すことはしません。逆に，彼女の失敗を解決する試練を，自分の成長に繋げて，楽しんでいるようにも見えました。

　三つ目は，ドラマの舞台のテレビ局自体の「**先入観にとらわれず，新しいことに取り組み，変化しようとする心意気**」です。そもそも雪丸花子は，最終選考のプレゼンに遅刻したにもかかわらず採用されました。理由は「バカ枠」。優秀な学生ばかりではいい番組を作れないからこそ，「普通ではない魅力を持つ学生」を採用する組織だったのです。

　本ドラマに関わった，藤村忠寿と嬉野雅道は，超人気番組『水曜どうでしょう』のディレクター経験をまとめた著書『仕事論』の中で，こう語っています。

　一つ目「先入観を持たず，真摯に諦めず，最後までやり切る姿勢」について。藤村は，そもそも人は組織の中でしか生きられない。なぜなら，百獣の王，ライオンさえもグループで狩りをするように，動物そして人は元来，組織で生きるようにできているから。もちろん，フリーランスを否定するわけでは無いですが，組織に所属していれば，仕事が用意され，経費や看板（名刺）が使えて，そして何より仕事で失敗しても借金を背負わなくていいのです。だからこそ，雪丸花子のように，自由奔放に失敗を恐れず，突っ走ればいい。周囲の人々は，彼女はきっと失敗するから，失敗したら助けよう，叱ってあげようと準備しているのです。もちろん，失敗したら自分事にして，振り返って，糧にしなければなりません。つまり，キャリアを磨く場として「組織」を利用すればいい。言い換えれば，「随処作主（ずいしょにしゅとなる）」。つまり，誰にも束縛されず，主体性を持って，自分を信じて，全力で行動すれば，真実に辿り着くという，臨済義玄の言葉の通り，目の前の「今」に全力を尽くすことが，最も正しいと思います。

　二つ目「トラブルをチャンスに繋げるしなやかさ」について。ある日藤村と嬉野は，低予算で，役者も鈴木貴之と大泉洋（当時大学生）の４人だけで，深夜枠のバラエティー番組を作ることになりました。人数が少ないから作りやすい旅番組に決め，鈴木がアイデアを出し，藤村と嬉野が企画にして，カメラマンがいないので嬉野がハンドカメラで撮影し，編集スタッフがいないので藤村が編集をしました。つまり『水曜どうでしょう』は，限られた状況から，４人ができることをやり切って「たまたま」生まれたのです。みなさまも社会に出て最初のうちは，上司から出された条件の中でやり切るしかありません。「こんな仕事はやりたくない」と考えるのは筋違い。そもそもやりたくないかどうかは，やってみないと分かりません。失敗しながらも成果を出し，そして本当にやりたくないと思った時に上司に「変えてくれ」と言えばいいのです。でもその次の新しい仕事もやってみないと分かりません。仕事は結局，挑戦の連続。だからこそ，今，全力を出してやり抜くことが一番なのです。やり抜いた先にこそ，新しいステージがひらけてくるのですから。

　三つ目「先入観にとらわれず，新しいことに取り組み，変化しようとする心意気」について。会社のあり方について，嬉野は酪農家の話を紹介しています。酪農家にとって牛を飼う上で一番大事なことは「餌やり」だそうです。なぜならば，牛の中には隣の牛を押しのけて餌を横取りする牛や，気が弱くてなかなか食べられない牛，さっき食べたのに食っていない顔をしてまた食おうとする牛もいる。それを見極めて，肥満や栄養失調にならないように餌やりをすることが重要だそうです。それは組織でも同じこと。新入社員の中にもガンガン突っ走っていく人もいれば，目立ちはしないけどコツコツ成果を出す人，逆に全く成果を出せない人もいるでしょう。そもそも性質も得意不得意も違うのは当たり前。でも組織にとってその人たちだけが「財産」なのです。わざわざ「バカ枠」を作ったのは，そんな原石を「さて，どうやって磨こうか？」とワクワクする心意気があるからこそ。みなさまも会社選びをするなら，そんな組織を探し出してほしいと思います。

　『水曜どうでしょう』とまではいかないですが，実は本書も「限られた条件」の中から偶然生まれました。コロナショックでオンラインの授業を強いられ，リモートワークの各スキルを身に付けざるを得なくなり，さらに夏休みに予定していた海外での各種活動もできなくなって自宅待機。「このままじゃ何も生み出せない，それは嫌だ！」というわけで，本書を企画し，日本ビジネス実務学会へ助成金を申請し，アクセンチュアに共著の交渉をし，数々の出版社に断られながらも九州大学出版会に引き受けて頂き，さらに学会員に協力を告知して集まったメンバーの尽力を得て，出版に至りました。ご支援・ご協力を頂いた九州大学出版会・古澤言太様，一瀬麻里様，アクセンチュア・高坂麻衣様，日本ビジネス実務学会長・米本倉基様，総務・企画委員長・関憲治様，そして保科学世様をはじめとした共著者のみなさま，本当にありがとうございました。

　この「計画された偶発性」理論によって生まれた本書の一文が，お読みいただいたみなさまのキャリアに少しでも貢献できれば，幸甚の極みです。

2021年2月20日　　　　　　　　　　　　　　見舘好隆

参 考 文 献

はじめに

ポール・R・ドーアティ，H・ジェームズ・ウィルソン，保科学世（監修），小林啓倫（翻訳）『HUMAN+MACHINE　人間＋マシン：AI 時代の8つの融合スキル』，東洋経済新報社，2018年

第1章

Mark Purdy & Paul Daugherty「How AI Boosts Industry Profits and Innovation」，Accenture，2017年

Scott Mayer McKinney, Marcin Sieniek ほか「International evaluation of an AI system for breast cancer screening」，『nature』，2020年

ジム・コリンズ（著），山岡洋一（翻訳）『ビジョナリー・カンパニー ― 時代を超える生存の原則』，日経 BP 社，1995年

第2章

A・マレービアン（著），西田司ほか（共訳）『非言語コミュニケーション』，聖文社，1986年

ティモシー・ウィルソン（著），村田光二（翻訳）『自分を知り，自分を変える―適応的無意識の心理学』，新曜社，2005年

第3章第1節

キャロル・S・ドゥエック（著），今西康子（翻訳）『マインドセット「やればできる！」の研究』，草思社，2016年

第3章第2節

株式会社サイバーエージェント『今の時代だからこそ，あえて伝えたい代表藤田が新入社員に贈った「No Pain, No Gain」』，FEATUReS，2019年4月1日記事

ジェームズ・E・コテ（著），チャールズ・G・レヴィン（著），河井亨（翻訳），溝上慎一（翻訳）『若者のアイデンティティ形成—学校から仕事へのトランジションを切り抜ける』，東信堂，2020年

E・H・エリクソン（著），小此木啓吾（翻訳）『自我同一性　アイデンティティとライフ・サイクル』，誠信書房，1973年

J・D・クランボルツ（著），A・S・レヴィン（著），花田光世（翻訳），大木紀子（翻訳），宮地夕紀子（翻訳）『その幸運は偶然ではないんです！』，ダイヤモンド社，2005年

野中郁次郎『失敗の本質　戦場のリーダーシップ篇』，ダイヤモンド社，2012年

内山聖子『私，失敗ばかりなので：へこたれない仕事術』，新潮社，2019年

第3章第3節

ロナルド・A・ハイフェッツ（著），マーティ・リンスキー（著），野津智子（翻訳）『新訳　最前線のリーダーシップ　何が生死を分けるのか』，英治出版，2018年

平田オリザ『わかりあえないことから　コミュニケーション能力とは何か』，講談社，2012年

宇田川元一『他者と働く　「わかりあえなさ」から始める組織論』，NewsPicksパブリッシング，2019年

Rogers, C.R., and Richard E.F. (1987). Active Listening. Communicating in Business Today, R.G. Newman, M.A. Danzinger, M. Cohen (eds.), D.C. Heath & Company

平木典子『改訂版　アサーション・トレーニング　さわやかな〈自己表現〉のために』，金子書房，2009年

日向野幹也『高校生からのリーダーシップ入門』，筑摩書房，2018年

小山昇『できるリーダーは失敗が9割　自分史上最高の営業利益を手に入れる「仕事」の極意』，マガジンハウス，2020年

第3章第4節

大嶋祥誉『マッキンゼーのエリートはノートに何を書いているのか　トップコンサ

ルタントの考える技術・書く技術』，SB クリエイティブ，2015年

ティム・ブラウン（著），千葉敏生（翻訳）『デザイン思考が世界を変える〔アップ
デート版〕：イノベーションを導く新しい考え方』，早川書房，2019年

ジャスパー・ウ（著），見崎大悟（監修）『実践　スタンフォード式　デザイン思考
世界一クリエイティブな問題解決』，インプレス，2019年

桜井博志『逆境経営　山奥の地酒「獺祭」を世界に届ける逆転発想法』，ダイヤモン
ド社，2014年

第3章第5節

Savickas, M. L. (2005). The Theory and Practice of Career Construction. In S. D.
Brown & R. W. Lent (Eds.), Career development and counseling: Putting theory and
research to work, John Wiley & Sons, Inc., pp.42–70

第4章第1節

Peter F. Drucker「Managing Oneself (Harvard Business Review Classics)」，Harvard
Business Review Press，2008年

マイク・リットマン（著），ジェイソン・オーマン（著），河本隆行（翻訳）『史上最
高のセミナー ポケット版』，第一章ジム・ローン，きこ書房，2011年

片桐あい『これからのテレワーク　新しい時代の働き方の教科書』，自由国民社，
2020年

リンダ・グラットン（著），池村千秋（翻訳）『ワーク・シフト　孤独と貧困から自
由になる働き方の未来図』，プレジデント社，2012年

スティーブン・R・コヴィー（著），フランクリン・コヴィー・ジャパン（翻訳）『完
訳　7つの習慣　人格主義の回復』，キングベアー出版，2013年

リンダ・グラットン（著），アンドリュー・スコット（著），池村千秋（翻訳）『LIFE
SHIFT（ライフ・シフト）』，東洋経済新報社，2016年

第4章第2節

石川直樹『増補新版　いま生きているという冒険』，新曜社，2019年

松尾睦『職場が生きる　人が育つ「経験学習」入門』，ダイヤモンド社，2011年

David A. Kolb「Experiential Learning: Experience as the Source of Learning and Development」，FT Press，1983年

早稲田大学平山郁夫記念ボランティアセンター『体験の言語化』，成文堂，2016年

第4章第3節

茂木健一郎『最高の結果を引き出す質問力：その問い方が，脳を変える！』，河出書
　　房新社，2016年

上野千鶴子『情報生産者になる』，筑摩書房，2018年

安斎勇樹，塩瀬隆之『問いのデザイン：創造的対話のファシリテーション』，学芸出
　　版社，2020年

第4章第4節

伊藤羊一『1分で話せ　世界のトップが絶賛した大事なことだけシンプルに伝える
　　技術』，SB クリエイティブ，2018年

第4章第5節

ジェームス・W・ヤング（著），今井茂雄（翻訳）『アイデアのつくり方』，CCC メ
　　ディアハウス，1988年

茂木健一郎『感動する脳』，PHP 研究所，2009年

グロービス『MBA　問題解決100の基本』「Basic036　SCAMPER はアイデアを生み
　　出す質問のチェックリストだ」，東洋経済新報社，2018年

エドワード・デボノ（著），藤島みさ子（翻訳）『水平思考の世界』，きこ書房，2015
　　年

川喜田二郎『発想法　改版　創造性開発のために』，中央公論新社，2017年

第4章第6節

エリン・メイヤー（著），田岡恵（監訳），樋口武志（翻訳）『異文化理解力　相手と
　　自分の真意がわかる　ビジネスパーソン必須の教養』，英治出版，2015年

ハーバード・ビジネス・レビュー編集部『マインドフルネス』，第4章エレン・ラン
　　ガー「いまマインドフルネスが注目される理由」，ダイヤモンド社，2019年

見舘好隆「課題解決型海外インターンシップが異文化理解力にもたらす効果とその
　　規定要因」，『ビジネス実務論集』38，日本ビジネス実務学会，2020年，pp.43-52

第4章第7節

大前研一「情報の達人」，PRESIDENT（プレジデント）2007年3/19号，プレジデント社，2007年

第4章第8節

アンジェラ・ダックワース（著），神崎朗子（翻訳）『やり抜く力 GRIT（グリット）人生のあらゆる成功を決める「究極の能力」を身につける』，ダイヤモンド社，2016年

若田光一『続ける力　人の価値は，努力の量によって決まる』，講談社，2017年

孫正義『仕事って何　「脳がちぎれるほど考えよ」』，日経産業新聞，2014年4月2日記事

第5章第2節

佐藤裕『新しい就活：自己分析はやめる！　15万人にキャリア指導してきたプロが伝授する内定獲得メソッド』，河出書房新社，2020年

エドガー・H・シャイン（著），金井寿宏（翻訳）『キャリア・アンカー　自分のほんとうの価値を発見しよう』，白桃書房，2003年

中原淳『「自分のやりたいことを探している」ときは「自分のやってみたいことをやってはいけない」!?』，NAKAHARA-LAB.NET，2015年6月23日記事

第5章第3節

嶋口充輝『ビューティフル・カンパニー　市場発の経営戦略』，SBクリエイティブ，2008年

フィリップ・コトラー（著），ミルトン・コトラー（著），嶋口充輝（翻訳），竹村正明（翻訳）『コトラー8つの成長戦略　低成長時代に勝ち残る戦略的マーケティング』，碩学舎，2013年

Kenichi Ohmae「The Mind of the Strategist：The Art of Japanese Business」，McGraw-Hill，1991年

E. Jerome McCarthy「Basic Marketing」，Irwin (Richard D.) Inc.，1978年

Don E. Schultz, Stanley I. Tannenbaum, Robert F. Lauterborn「Integrated Marketing Communications」，NTC Publishing Group，1993年

おわりに
藤村忠寿，嬉野雅道『仕事論』，総合法令出版，2019年
入矢義高『臨済録』，岩波書店，1989年

監修者略歴

見舘 好隆（みたて よしたか）

北九州市立大学・地域戦略研究所教授（地域創生学群専任）。
1967年京都府生まれ。関西大学文学部卒業，立教大学大学院ビジネスデザイン研究科修了。大学卒業後，民間企業に15年間勤務したのち，首都大学東京，一橋大学大学院を経て現職。その他，リクルートワークス研究所客員研究員や福岡県立高校「新しい学び」プロジェクトアドバイザーなどを経験。授業はキャリア教育を担当。研究領域は，若年者のキャリア形成支援。キャリア教育や初年次教育，企業内教育など。近年は企業団体と連携した課題解決型学習（PBL）やインターンシップ，地域活動など，大学での学びと社会との接続を中心に研究。国家資格・2級キャリア・コンサルティング技能士や総合旅行業務取扱管理者，FNQ認定・中級フットパスコーディネーターの資格を持つ。単著『「いっしょに働きたくなる人」の育て方—マクドナルド，スターバックス，コールドストーンの人材研究』プレジデント社，共著『人材開発研究大全』中原淳（編）東京大学出版会など。

執筆者一覧

見舘 好隆（北九州市立大学 地域戦略研究所 教授）

保科 学世（アクセンチュア株式会社 執行役員 AIグループ日本統括AIセンター長）

牛山 佳菜代（目白大学 メディア学部 教授）

奥村 命子（京都女子大学 非常勤講師）

佐野 達（拓殖大学 商学部 准教授）

高中 公男（関西外国語大学 英語国際学部 教授）

永川 幸子（株式会社キャリアスクエア 代表取締役）

森部 昌広（九州共立大学 経済学部 准教授）

栁田 健太（近畿大学 産業理工学部 講師）

新しいキャリアデザイン
──ニューノーマル時代をサバイブする──

2021 年 3 月 31 日　初版発行
2023 年 9 月 30 日　2 刷発行

監修者　見　舘　好　隆

著　者　見　舘　好　隆・保　科　学　世 ほか

発行者　清　水　和　裕

発行所　一般財団法人 九州大学出版会

　　　　〒 819-0385　福岡市西区元岡 744
　　　　九州大学パブリック 4 号館 302 号室
　　　　電話　092-836-8256
　　　　URL　https://kup.or.jp
　　　　印刷・製本／城島印刷㈱